*O ano mil*

FUNDAÇÃO EDITORA DA UNESP

*Presidente do Conselho Curador*
Mário Sérgio Vasconcelos

*Diretor-Presidente / Publisher*
Jézio Hernani Bomfim Gutierre

*Superintendente Administrativo e Financeiro*
William de Souza Agostinho

*Conselho Editorial Acadêmico*
Luís Antônio Francisco de Souza
Marcelo dos Santos Pereira
Patricia Porchat Pereira da Silva Knudsen
Paulo Celso Moura
Ricardo D'Elia Matheus
Sandra Aparecida Ferreira
Tatiana Noronha de Souza
Trajano Sardenberg
Valéria dos Santos Guimarães

*Editores-Adjuntos*
Anderson Nobara
Leandro Rodrigues

HENRI FOCILLON

# *O ano mil*

Tradução
Jorge Coli

© 2024 Editora Unesp
Título original: *L'An mil*

Direitos de publicação reservados à:
Fundação Editora da Unesp (FEU)
Praça da Sé, 108
01001-900 – São Paulo – SP
Tel.: (0xx11) 3242-7171
Fax: (0xx11) 3242-7172
www.editoraunesp.com.br
www.livrariaunesp.com.br
atendimento.editora@unesp.br

Dados Internacionais de Catalogação na Publicação (CIP) de acordo com ISBD
Elaborado por Vagner Rodolfo da Silva – CRB-8/9410

---

F652a      Focillon, Henri

            O ano mil / Henri Focillon; traduzido por Jorge Coli. – São Paulo: Editora Unesp, 2024.

            Tradução de: *L'An mil*
            Inclui bibliografia.
            ISBN: 978-65-5711-203-8

            1. Arte. 2. França. 3. Europa. 3. Sociedade. 4. Igreja. 5. Idade Média. I. Coli, Jorge. II. Título.

2023-1412                                                     CDD 700
                                                                     CDU 7

---

Editora afiliada:

# Sumário

Introdução . 7

I. O problema dos terrores . 43
II. Construção do Ocidente . 77
III. O papa do ano mil . 123
IV. O Império do Mundo . 157

# Introdução

Sempre pensamos que seria útil aos nossos estudos e ao conhecimento da humanidade nos colocarmos em um ponto determinado do tempo, não apenas para examiná-lo em si mesmo, mas também para captar a amplidão das perspectivas que se desenvolvem à volta dele: em outros termos, para fazer a análise de um local, de um terreno, que possa ser usado como observatório. Parecia-nos desejável e possível escolher um ano, um ano climatérico e, primeiro, esvaziá-lo de seu conteúdo. É um trabalho mais difícil do que pode parecer à primeira vista, e aparenta ser mais adequado a uma equipe do que à pesquisa de um único historiador. Um período do tempo histórico, mesmo que seja curto, comporta um grande número de camadas ou, se preferirmos, de estratificações. A história não é o devir hegeliano. Ela não se assemelha a um rio que carreasse, na mesma velocidade e na mesma direção, os acontecimentos e os detritos de acontecimentos. É a mesma diversidade e a mesma desigualdade das correntes que constituem propriamente aquilo que chamamos história. Precisaríamos antes pensar em uma superposição de camadas geológicas, inclinadas de maneira diversa, às vezes interrompidas por bruscas falhas, e que, num mesmo lugar, num mesmo momento, permitisse-nos apreender várias idades da Terra, de modo que cada fração do tempo decorrido fosse ao mesmo tempo passado, presente e futuro.

É suficiente dizer que essa análise estratigráfica nos leva necessariamente a questionar o antes e o depois, ou melhor, a buscar, no momento que escolhemos, a permanência de um passado mais ou menos distante e a promessa bem definida de um futuro. Assim, procedendo por sondagens e cortes, somos necessariamente levados a considerar nosso laboratório não como uma arquitetura passiva, mas, em sua própria estrutura, como uma combinação de movimentos desiguais: esse ponto elevado a partir do qual tentamos definir um horizonte é, ele próprio, uma rica perspectiva.

O que é um ano? Astronomicamente, um valor absoluto. Historicamente, não é assim. Os acontecimentos não se assentam nele com a mesma regularidade, com a mesma frequência que os santos do calendário. Vivido pela humanidade e pelas forças coletivas, ele participa da desigualdade que é própria delas. Respira, ora com lentidão, ora arquejando. Ora em ondas curtas, ora em ondas longas. Aqui, parece vazio, e ali, cheio demais. Transborda, ultrapassa seus limites, ou se concentra pobremente ao redor de alguns pontos, com margens desertas que podem ser imensas. É um pensamento grandioso da Igreja cristã ter ambicionado estabilizá-lo em torno de certo número de pontos fixos, os únicos elementos, aos seus olhos, de história verdadeira: os acontecimentos de Deus, que repercutem através dos acontecimentos humanos e são comemorados por festas: o ciclo de Natal, o ciclo de Páscoa, os grandes aniversários,

## O ano mil

as romarias periódicas – uma espécie de história transfigurada, ordenada para sempre, vivida com pontualidade pelos fiéis. Mas os homens e os fatos ultrapassam por todos os lados essa maravilhosa agenda. O ano histórico é como o ano de uma vida humana, que não é o ano religioso, mesmo quando busca se conformar a este com rigor. Como um século, ele não é recortado de modo incisivo na matéria do tempo. Eu não diria que cada um deles tem sua própria dimensão, sua densidade, sua fisionomia. É um mero enquadramento, mas nesse enquadramento instala-se um conteúdo cuja potência e cuja intensidade são variáveis. Nesse sentido, pode-se dizer que existem anos críticos, verdadeiros núcleos de acontecimentos.

Percebemos isso facilmente se interrogarmos a história moderna, e ao mesmo tempo vemos melhor como uma data pode não apenas ter seu peso e seu valor em si mesma, com tudo o que ela comporta de camadas cronológicas superpostas, mas pode também, para empregar a expressão que já usei, representar o papel de um observatório voltado para uma extensa região histórica, para uma larga paisagem humana: 1793, 1830, 1848, por exemplo. São grandes datas políticas, nitidamente definidas por revoluções, quer dizer, por acontecimentos-tipo. Mas ainda há muitas outras coisas. São datas da história do homem, de sua vida intelectual e moral, os pontos em relevo de certas gerações. Não ignoro que, de modo abusivo, tendemos a cristalizar em volta dessas referências mais de um dado que pode, de fato, lhes ser anterior ou posterior. Quase diria que é muito raro que a história seja rigorosamente a contemporânea de si própria, pois, como já mostrei, ela é sem dúvida a superposição de correntes muito desiguais em intensidade, velocidade e duração. Mas é claro que, evocando o homem de 1848, estudando o "núcleo" dos acontecimentos no qual ele se debate, analisando sua vida social, religiosa, econômica, intelectual, tocamos não uma ficção cronológica, mas dados positivos e concretos. Podem dizer que o homem de 1848 é também o de 1838 e o de 1858: estou profundamente convencido disso — mas é esse ano, tomado ao mesmo tempo como súbito complexo e como marco temporal, que o dispõe e o define na duração. Na vida dos povos, bem como na vida dos indivíduos, há momentos de tomada de consciência e de iluminação, períodos de paroxismo e de alta frequência. Há também datas que podem ser consideradas como articulações e nas quais se vê, de algum modo, o tempo se dobrar.

Certamente, seria um grande erro considerar a história como uma coleção descontínua de datas ou de anos sensacionais, mas não seria menor erro interpretá-la como uma sequência monótona de fatos. Ela não é uma curva, não é um plano inteiramente unido; ela comporta uma espécie de relevo profundamente desigual. A escolha permanece difícil e perigosa, pois, se a unidade — pelo menos aparente — de uma vida humana autoriza o princípio e o método da biografia, se o exame do caráter e da influência de uma grande obra está fundado na razão, é muito mais delicado fazer a biografia de um ano histórico e, antes de tudo, determiná-lo.

A época que nos interessa, tão importante na história da Europa que a definiu, não é, de modo nenhum, um termo médio, uma espécie de obscura ponte entre a Antiguidade clássica e os tempos modernos, e não se apresenta como um bloco absolutamente homogêneo. Ao contrário, ela é muito diversa e articulada, tanto do ponto de vista geográfico quanto do cronológico. Podemos distinguir dois grandes períodos: a Idade

Média germânica e a Idade Média ocidental. A Idade Média germânica é, ela própria, muito complexa: abre-se com as invasões, às quais se sucedem as formações políticas bárbaras, coroadas por essa obra-prima de fragilidade, seu ponto culminante, sua expressão decisiva: o Império carolíngio. A Idade Média ocidental é, como tentei mostrar em outro lugar, uma tomada de consciência do Ocidente como foco de civilização, assim como uma reação contra o germanismo, seja como barbárie amorfa ou barbárie organizada.

Em seu belo livro *Maomé e Carlos Magno*,[1] tão rico em novas, justas e profundas perspectivas, Henri Pirenne definiu uma cesura diferente. Segundo ele, a Idade Média propriamente dita começa no dia em que as rotas comerciais do Mediterrâneo ocidental foram cortadas pelo Islã, quando o Oeste da Europa foi forçado a viver com recursos próprios, renunciando à economia de troca, e a tonalidade urbana e mediterrânea da civilização deu lugar a uma tonalidade setentrional e rústica. É a marca profunda deixada pelos carolíngios na Europa ocidental e na Europa central que define seu futuro da região por séculos. Com os carolíngios, começa a Idade Média. O período que os precede é apenas o último capítulo da história das grandes culturas mediterrâneas. Foi fechando o mar que a invasão muçulmana empurrou a civilização europeia para o Norte e a separou do núcleo marítimo em que, pouco antes, ela ia buscar todas as suas reservas materiais e morais. A abundância dos fatos e a beleza da concepção nos inclinariam a adotar as conclusões do grande historiador se sua obra não parasse bruscamente no próprio momento em que a questão se propõe sob uma luz

---
[1] H. Pirenne, *Mahomet et Charlemagne*, Paris, 1937. (N. A.)

diferente, quando, da decomposição do Império carolíngio, começa a nascer uma nova ordem. Mas, para bem compreender o sentido de nossa pesquisa, é necessário retomar suas bases. Será, para nós, a oportunidade de fazer justiça mais de uma vez à obra considerável de Pirenne, até o ponto em que somos obrigados a nos separar dele. Ninguém mostrou melhor o que há de incerto, de precário e, para dizer tudo, de extremamente pobre na contribuição das hordas que, instaladas por bem ou por mal no interior do Império romano, prosperaram em sua decomposição, à qual acrescentavam novos fermentos. Desde o século III, o Império foi obrigado a se postar na defensiva, mas a energia dos imperadores ilírios manteve solidamente as fronteiras contra as incursões de saqueadores. Os movimentos que se produzem no final do século IV e que prosseguem ao longo dos séculos seguintes são de uma amplitude muito diferente. Sob a pressão das imensas hordas nômades que desabam dos confins da Ásia central, é preciso, a qualquer preço, entrar na România para encontrar segurança, mas, sobretudo, meios de subsistência. Nos textos, é impossível encontrar o que quer que seja de semelhante à teoria do espaço vital: os dados são diferentes, as populações das quais se trata são numericamente fracas, mas o princípio é o mesmo: cedam-nos espaço sob pena de morte, seja para nós ou para vocês. É preciso, apesar do caráter desastroso dos resultados, reconhecer a boa vontade e mesmo a sabedoria política dos imperadores que, sob diversas formas legais, os acolheram em território romano, seja como "hóspedes", recebendo uma atribuição variável de terra boa, seja como "federados", recebendo um soldo pago globalmente aos chefes e constituindo para o Império corpos auxiliares de tropas. Essas medidas tinham sido precedidas, acompanhadas e sem dúvida favorecidas por aquilo que os velhos historiadores chamam de "infiltração dos bárbaros". Nos cargos mais elevados da administração civil e do exército, tinham irmãos de raça que, por vezes, tendo se tornado, pelo coração e pelo direito, cidadãos romanos, eram levados a combatê-los, mas que podiam também lhes servir de pontos de apoio. Em uma sociedade requintada, exausta pela cultura, dividida e frequentemente dilacerada pela intriga política, e, sobretudo, uma sociedade que se tornara menos dura de moer, com um tecido menos apertado que outrora, o mito do "homem primitivo", do bom selvagem, aberto às vozes profundas da natureza e revestido por rudes virtudes, agia em favor deles, de Tácito a Salviano. Até o momento em que exprimem seu descontentamento a respeito de um atraso no pagamento, da lentidão de um subsídio ou da má qualidade das terras, não por meio de murmúrios e delegações, mas pelo massacre, por pilhagem e incêndio, os federados eram considerados pelos romanos sem surpresa e sem antipatia e, empregando a expressão de Lot, como uma guarnição turbulenta.

O fato mais notável é que eles não se misturam com a população. Lot e Pirenne demonstraram isso de maneira incontestável. Mesmo quando constituíram reinos, permaneceram à margem, formando o que hoje se chamaria de minorias. Talvez a proporção numérica, extremamente fraca, tenha feito disso uma lei. Mas há também uma constante da imigração germânica. Na maioria das regiões em que se instala, mesmo nos tempos modernos, ela forma uma massa, ela é compacta: nos confins da Transilvânia, na região dos Sete Burgos, colonizados pelos Renanos no século XIII, na Rússia meridional, no Sul do Chile, em certos estados do Brasil. Devemos acrescentar que no início da Idade Média havia, para os líderes, uma necessidade absoluta de manter a unidade de seus grupos, suas próprias instituições, suas tradições, seu espírito, e de proibir o *connubium*,[2] princípio de desagregação étnica, pois as crianças adotam a fé e a educação da mãe. O prestígio do Império é tal, mesmo quando destruído no Ocidente, e as instituições administrativas e morais da velha sociedade são tão resistentes que os chefes bárbaros, quando se tornam reis, consideram-se por muito tempo como generais acampados em país amigo ou mesmo como governadores, derivando sua autoridade de uma delegação. O caso típico disso é o de Teodorico, rei dos Godos. É verdade que ele recebera a marca forte de uma educação bizantina, que ele conhece de perto a máquina imperial e o que subsiste, no Oriente, de sua grandeza; enfim, é verdade que esse chefe bárbaro exerce seu poder numa região em que a sociedade é, mais do que em qualquer outro lugar e por excelência, uma sociedade romana. Mas, de modo geral, é possível dizer que, com matizes por vezes muito marcados, ocorre a mesma coisa na Gália franca, salvo no extremo Norte, e na Espanha visigótica.

2 *Connubium* é um termo jurídico romano que se referia ao direito de um homem e de uma mulher a se casar legalmente e estabelecer uma união matrimonial reconhecida pelo Estado. Na época romana, o *connubium* era importante porque determinava se um casamento era válido ou não, e se os filhos resultantes da união seriam considerados legítimos. Além disso, o *connubium* também tinha implicações legais em questões de herança e cidadania. Fora do contexto jurídico romano, o termo também pode ser utilizado para se referir à união conjugal entre duas pessoas de diferentes nacionalidades ou etnias, como forma de ressaltar a importância do reconhecimento legal do casamento para a promoção da igualdade e da integração social. Em latim no original. (N. T.)

Esse fato ajuda a compreender por que, ao menos nos primeiros desenvolvimentos dessas formações políticas, a romanidade, ou seja, os traços característicos de sua vida e as formas principais de sua civilização, tenha permanecido viva, se não próspera, na Europa ocidental. A administração municipal permanece definida por parâmetros romanos. A exploração agrícola prossegue à maneira romana. A libra romana permanece o estalão de um comércio ativo que trabalha em todo Mediterrâneo, domínio ainda intacto, ainda livre do velho Império, zona inalterada das comunicações entre todas as suas províncias que, tendo se tornado reinos distintos, conservam ali, graças a seus litorais e a seu tráfico, uma unidade geográfica, uma unidade econômica. Mesmo o horizonte local dos romanos não é bloqueado por um muro: eles fornecem condes e bispos às monarquias bárbaras. O latim não é apenas a língua das chancelarias: é a das transações e da vida corrente. É, por excelência, língua viva, e é também língua do espírito. Produz poetas e prosadores, Sidônio Apolinário, Fortunato, Gregório de Tours nas Gálias; na Itália, Boécio, Símaco, Cassiodoro. Certos príncipes bárbaros foram não apenas letrados, mas eloquentes oradores latinos. Enfim, o movimento que havia tantas gerações fecundava o Ocidente por aportes do Oriente não foi interrompido. Não é apenas Bizâncio, são o Egito, a Síria, a Anatólia, que as companhias de navegação sírias e judias põem em comunicação com as margens da Itália, da Provença, da Espanha oriental, da África do Norte, trazendo, como outrora, homens e mercadorias, monges, negociantes, tecidos, especiarias, objetos de arte. Assim, nada parece ter mudado. A Romênia não está morta. Está configurada de modo diferente, mas sua vida parece repousar sobre as mesmas bases fundamentais.

E, no entanto, há uma modificação profunda. Os bárbaros, justapostos aos romanos, e que se tornaram os chefes deles, desenvolvem suas vidas num horizonte inteiramente diferente. O fato capital, e que nunca é suficientemente evidenciado, é que, por seu estatuto moral, por sua organização política, por seus instintos, por sua arte, eles pertencem à pré-história ou, se se quiser, à proto-história. Eles têm seu próprio direito, que, mesmo redigido em latim, nada tem de latino e formula, ao contrário, uma ordem de relações entre os homens diretamente oposta à concepção humana e cívica da antiga Roma, um sistema de alforrias e de julgamentos transmitido desde tempos imemoriais. A vida moral dos príncipes é sem freio: suas crônicas formam uma longa sequência de violências, assassinatos, rapinagens, quebras de juramentos, crueldades exercidas sobre os fracos. A concepção de realeza na Gália merovíngia é a de um chefe de tribo e de um chefe de guerra, e não a de um magistrado ou de um príncipe cujo poder, mesmo absoluto, mesmo tirânico, está circundado, como em Roma, por uma rede de leis ou de tradições jurídicas. Sem dúvida, os últimos séculos do Império conheceram o assalto de aventureiros militares, os processos sumários – que conservavam, porém, uma espécie de regra – da investidura por *acclamatio*,[3] e também horríveis golpes de Estado e tragédias de palácio. Sem dúvida, sob a influência do Oriente, a monarquia imperial tinha se tornado, pouco a pouco, uma espécie de despotismo teocrático; mas os juristas e os burocratas, alimentados por uma experiência secular, mantinham,

---

3 Aclamação. Em latim no original. *Acclamatio*, na Roma antiga, consistia na expressão pública de aprovação ou desaprovação por meio de gritos e aplausos. (N. T.)

através dos tempos mais tempestuosos, a noção e a tradição da coisa pública, profundamente estranha aos chefes bárbaros. Quando morriam, suas heranças eram repartidas como um butim, sem outra regra, sem outro princípio que o de dividi-lo em lotes mais ou menos equivalentes, pondo no mesmo saco as cidades mais distantes umas das outras, para arredondar a conta. Como nas sociedades primitivas, há, nas sociedades bárbaras, famílias de chefes que têm o privilégio exclusivo do comando: os Anais, entre os godos, os descendentes de Meroveu entre os francos. O princípio dinástico e a regra da herança, em flagrante oposição ao princípio da escolha, são essencialmente pré-históricos. Pré-histórico também é o estilo de vida desses chefes de tribo, que conservam hábitos nômades, indo de um a outro de seus palácios feitos de madeira, passando o tempo entre a guerra e a caça. Hábitos tão profundamente instalados na monarquia francesa que o próprio Luís XIV, um frequentador das grandes florestas da região parisiense, apaixonado pela caça como seus pais, deslocando-se de Versalhes a Fontainebleau, de Fontainebleau a Marly, pode ser considerado, ainda, pelo menos em relação a isso, um príncipe merovíngio...

Enfim, os bárbaros têm uma arte da qual se discutiram, durante muito tempo, as fontes e as características. Sua originalidade não está mais em questão: sofreu certas influências mediterrâneas e, mais ainda, influências orientais. Mas, sobretudo, é uma degenerescência de uma grande arte proto-histórica, muito complexa, ela também, e da qual os godos puderam recolher a tradição durante sua estadia na Rússia meridional, no país dos citas e dos sármatas. O estilo animal, que a caracteriza, é uma adaptação da forma viva à forma ornamental e, pelo menos na origem, combina duas estéticas que cometemos o erro de considerar como sucessivas para definir, tanto quanto possível, quadros cronológicos: aquela que repousa sobre a observação da natureza, aquela que se limita aos valores decorativos. Desde a era paleolítica, as duas estéticas trabalhavam em conjunto. Como quer que seja, a arte dos godos aparece como um endurecimento esquemático desses procedimentos, e a arte dos francos como um academismo industrial produzido em série para uma clientela considerável. O declínio irremediável da figura humana em benefício de combinações geométricas, o desaparecimento da escultura em pedra e, como mostrou muito bem Bréhier, o primado do adereço, vitorioso sobre as outras artes – eis alguns traços indiscutíveis desse capítulo da história. Continuava-se a construir, a partir dos modelos dessa latinidade mediterrânea tão profundamente impregnada de influências orientais: retornaremos a esse ponto. Mas podemos dizer, desde agora, que aquilo que nos resta da arquitetura do tempo dos bárbaros, criptas e batistérios da Gália, por exemplo, mostra muito menos a intrépida sobrevivência da Romênia, num aspecto essencial de seu gênio, do que um cansaço, um envelhecimento. Eis o acento essencial. Em cubas funerárias e em placas de cancelos, como nas fíbulas e placas de cinturões, a figura do homem, em volta da qual gravitava toda a civilização antiga, foi substituída por um geometrismo pré-histórico. O vestíbulo imediato da Idade Média é a pré-história e, mais tarde, até em suas criações mais originais, mais gloriosas, a pré-história a marcará ainda com seu selo monótono.

De acordo com Pirenne, essa arte era sobretudo popular e, aliás, na Gália, era fabricada por indígenas, ou seja, pelos romanos. Isso demonstra a amplitude de sua difusão e todo o espaço que conquistou em detrimento das formas e das técnicas mediterrâneas. Mas os príncipes teriam se mantido fiéis ao gosto por

## O ano mil

belos objetos mediterrâneos: não é o que parece provar o tesouro de Tournai, nem o de Guarrazar, cujas coroas com pingentes se vinculam sem equívocos a protótipos cimérios. É preciso reconhecer que, de alto a baixo da sociedade bárbara, compreendendo aí os próprios "romanos", a moda, o estilo da vida, uma certa maneira de ver as coisas, uma certa arte de pensar, afetaram a estrutura moral das populações do antigo Império. O Mediterrâneo permanece aberto, mas, em suas margens, onde se continua a falar latim, incontestavelmente produziram-se fenômenos novos. O primeiro estatuto dos bárbaros, o acampamento, ou se se preferir, a justaposição, pouco a pouco se modificou. A impermeabilidade absoluta é um paradoxo histórico, contrário à vida. Houve trocas, se não fusões, houve impregnações recíprocas e, como consequência, um movimento de báscula — uma mudança de direção da cultura humanista em benefício das artes suntuárias, das velhas formas latinas em proveito de um orientalismo de pacotilha, da vida urbana em proveito da vida seminômade, da concepção da dignidade humana inscrita nas leis em benefício de uma hierarquia fundada na conquista —, em outras palavras, báscula da história, ou seja, da mais alta consciência em proveito da pré-história: eles traziam o declínio, o deles próprios, seu *Götterdämmerung*,[4] e o declínio da Romênia ocidental.

---

4 O crepúsculo dos deuses. Em alemão no original. *O ano mil* foi publicado postumamente em 1952, mas elaborado em 1938 como um curso para o Collège de France. Nesse momento, Focillon está profundamente abalado pela ascensão do nazismo na Alemanha. Ao empregar o título da ópera de Richard Wagner, *Götterdämmerung*, ele vincula os alemães contemporâneos aos antigos bárbaros como agentes destruidores da civilização latina, ou da civilização, simplesmente. Toda a passagem sobre o papel dos bárbaros na formação do Ocidente deve ser lida com a lembrança desse pano de fundo. (N. T.)

A melhor prova disso é o fato de que o Império do Oriente, isento de formações bárbaras internas, não apenas sobreviveu, mas acrescentou à história do homem uma página essencial. Uma civilização não é apenas definida por elementos, por características, por certos fenômenos maiores: ela é sobretudo definida por um nível – nível na concepção da vida, nível das instituições, nível do pensamento e da obra de arte. Ora, o nível imposto à Europa ocidental pelo germanismo é um nível extremamente baixo, mesmo se as pessoas continuam fazendo versos latinos, mesmo se honestos e ativos navegantes levantinos levam sacos de especiarias aos cais de Marselha. Dirão que a romanidade não era mais capaz de se sustentar: nada sei sobre isso, ninguém sabe, aliás. Em todo caso, ela é sustentada com brilho no Mediterrâneo oriental, ela manteve ali um grande império, uma tradição viva, até a metade do século XV. Do outro lado da Europa, é o desmoronamento, é a senilidade. Os golpes de força e as guerras podem dar a ilusão sobre a vitalidade de um meio em que encontramos, lado a lado, nos mesmos territórios, duas humanidades igualmente esgotadas, uma, talvez, por um excesso de requinte, por um longo cansaço histórico, por crises políticas de uma amplidão sem igual; a outra pela monotonia de uma cultura rudimentar e sem horizonte, mantida, durante séculos, no plano da humanidade primitiva. Esta última não lança no mundo do Ocidente forças jovens, forças frescas, mas uma espécie de mediocridade bruta e rústica, um falso vigor. Basta ler seus analistas para se dar conta. *"Mundus senescit"*,[5] diz um

---

5 O mundo envelhece. Em latim no original. Frase de Gregório de Tours, apud Henri Pirenne, *Histoire de l'Europe, des invasions au XVIe siècle*, Ch. II, p.13. Paris: Alcan, 1936. (N. T.)

deles. O mundo envelhece – palavra terrível, ditada por um sentimento que apertará os corações até o despertar do Ocidente. Os últimos merovíngios caem de sono em seus carros de bois. O supremo recurso do germanismo foi substituir a monarquia preguiçosa[6] por um chefe que assume as funções monárquicas sem outro título além de uma dignidade doméstica, a de prefeito do palácio. Mas o gênio anárquico dessa cultura empurra os prefeitos uns contra os outros, como antes fazia entrechocarem-se os pequenos reis, disputando as cidades e as abadias. No entanto, é pela prefeitura do palácio, instalada por um golpe de Estado no trono dos reis francos, depois por direito de conquista sobre o dos reis lombardos, que se fez a ressurreição do Império do Ocidente. Tinha ela sido mais ou menos secundada por essa nostalgia vaga, difusa, que levou mais tarde os povos a considerar a época imperial como a idade de ouro da sociedade humana? Não, sem dúvida, e aliás isso ocorreu numa época e em circunstâncias em que os fenômenos de opinião tinham pouca influência sobre a conduta dos negócios públicos. Mas é certo que os letrados, os homens de Estado, do tipo de Alcuíno, por exemplo, pensavam nisso, da mesma maneira que os clérigos eruditos que, no palácio de Latrão, rodeavam o papado, reconhecidos pela doação de Pepino. Não se admite mais a doutrina segundo a qual o sucesso do ano 800[7] seria uma obra-prima de astúcia pontifical, mas é justo dizer que nessa operação de alta

---

6 Referência aos "*rois faineants*", reis preguiçosos, que não fazem nada (*fait néant*), expressão cunhada na historiografia carolíngia para definir os reis francos merovíngios. (N. T.)
7 No dia 25 de dezembro de 800, o papa Leão III coroa Carlos Magno imperador do que viria ser o Sacro Império Romano-Germânico. Carlos Magno era filho de Pepino, o Breve. (N. T.)

política os romanos de Roma e da Itália viam uma proteção contra o retorno ofensivo, sempre possível, das heresias orientais, e contra o despertar da tormenta lombarda... O perigo do Islã, senhor do Mediterrâneo ocidental, teria um papel nesses acontecimentos? Os textos não nos dizem. Como quer que seja, o Império de Carlos Magno representa uma notável contradição interna. É uma tentativa de restauração da romanidade na administração e na alta cultura acadêmica, uma "renascença" artificial, mas bem maquinada, do que se podia apreender do espírito romano através de seus autores. Ao mesmo tempo, ele é profundamente austrasiano e germânico. Mas foi o fechamento do Mediterrâneo ao tráfico comercial que o levou a fixar no Norte sua capital e o centro de sua atividade? Não nos esqueçamos das origens meusianas[8] dos pepinidas. É na região do Mosa, é na Renânia que eles tiveram suas vastas possessões dominiais, pedestal de seus poderes como prefeitos da Austrásia. Aachen era, por outro lado, o centro de uma estratégia política que devia pôr fim, por algum tempo, ao longo antagonismo dos germânicos do Oeste e dos germânicos da Europa central, da *Francia* mais ou menos romanizada e da Germânia propriamente dita, que permanecera toda bruta, primitiva e pagã em suas florestas, ameaça não menor e talvez mais terrível do que a das razias e da pirataria muçulmanas. Houve aí, portanto, uma consequência natural da história do germanismo, mais do que um contragolpe da invasão do Islã. E a mesma coisa ocorre, sem dúvida, com a tonalidade rústica da vida carolíngia: um comércio extremamente reduzido, uma

---

8 Seu pai, Pepino, o Breve, nasceu em Liège, às margens do rio Meuse, ou Mosa, que dá o nome à região. (N. T.)

indústria propriamente dominial, o profundo declínio da atividade urbana. Mas a decadência das cidades é um fenômeno especificamente merovíngio? A pesquisa de Lot sobre sua povoação parece decisiva. Criando numerosos mosteiros, essas formações híbridas, intermediárias entre a cidade e a *villa*, pelo menos no caso de vastas abadias, como Saint-Riquier e Saint-Gall, os carolíngios não inovavam. Sob uma estrutura de instituições administrativas mais sólidas, mais centralizadas, mais atentas e, em certo sentido, mais "modernas", fortemente apoiadas pelo prestígio da denominação imperial e pela majestade dos titulares da chancelaria, eles continuavam o trabalho dos bárbaros. Pode-se mesmo dizer que o equilíbrio entre o que restava de romanidade nos costumes, na cultura, nos monumentos e, por outro lado, o nível inferior das sociedades germânicas, não foram sensivelmente afetados nem pela restauração imperial nem pela instalação do Islã no Ocidente.

O que é, então, um mar como o Mediterrâneo? Em si, nada mais que um deserto de ondas, mas também um caminho para o tráfico. O que conta são os países que ele banha. Estando as rotas marítimas cortadas, eles se encontram absolutamente isolados? Além de Veneza manter uma porta aberta para o Mediterrâneo oriental e para Bizâncio, as estradas de terra, as vias de acesso continentais permanecem livres e frequentadas. Como poderíamos explicar de outro modo os numerosos elementos mediterrâneos e orientais que entram no complexo da arte carolíngia? A Itália permanece a inspiradora de certas formas típicas, por exemplo, em Fulda: e se devemos acreditar nas pesquisas tão cuidadosamente conduzidas por Crosby em Saint-Denis, a cripta anular, sob a abside da basílica construída por Fulrad no último terço do século VIII, é essencialmente latina, e a capela, acrescentada à abside dessa igreja pelo abade Hilduino no século IX, apresenta-se como um dos mais antigos exemplos no Ocidente dessas naves triplas, separadas por paredes contínuas cuja arte bizantina nos oferece alguns exemplos e cujo protótipo foi descoberto por Baltrusaitis na Geórgia. A igreja de Teodulfo, em Germiny-les-Près, é uma igreja armênia que se vincula ao partido característico da catedral de Echemiazim, e não é um caso errático, já que o mesmo modelo se encontra, meio século mais tarde, nas Astúrias, tanto que estamos no direito de pensar, como Puig i Cadafalch, que se trata de vestígios de um tipo comumente adotado por arquitetos carolíngios. A planta com duas absides opostas é uma velha planta latina que se encontra na África. Enfim, como explicar que no exato momento em que a Europa ocidental, em consequência do fechamento do Mediterrâneo, se torna definitivamente germânica e "nórdica", vemos reaparecer na pintura dos manuscritos, ao lado dos jogos de entrançados, precisamente a representação da figura humana, que começa a reencontrar a majestade perdida?

Assim, a questão se configura mais complexa do que parece à primeira vista. Não creio que o Mediterrâneo tenha salvado a Europa da barbárie nos séculos que se seguiram às invasões e precederam as conquistas do Islã. Também não creio que o fechamento do Mediterrâneo tenha confirmado a germanização da metade da Europa. Pensando bem, a situação do Império carolíngio no início do século IX não é pior, do ponto de vista do Mediterrâneo, do que a situação de toda a Europa na segunda metade do século XV, e a queda do Império bizantino, que faz do Mediterrâneo oriental um lago muçulmano, é sem dúvida mais grave do que a perda da Espanha depois de 711: dirão que a reconquista desta última é um fato consumado depois da tomada de Granada pelos reis católicos, mas as incursões dos barbarescos no Ocidente mediterrâneo, onde continuam a saquear sem tréguas as costas italianas, permanecem como um perigo até a tomada da Argélia pelos franceses em 1830.

Resta que o Império carolíngio, sob aparência imperial e romana e mantendo contato não apenas com os velhos países da antiga România, mas também com o Oriente próximo, é, ao menos por algumas gerações, uma potente consolidação do germanismo. Teria esse império marcado com um selo indelével a Europa do Oeste, e, em particular, a França, a Itália e a Alemanha? Para esta última, dificilmente isso seria contestável. E primeiro lugar, ele o fez forçando-a a entrar na civilização cristã, arrancando-a, por meio de guerras atrozes, ao paganismo e ao caos. Ele deixou na Alemanha, além disso, uma profunda marca moral, a obsessão do império universal, o gosto pelos empreendimentos desmedidos e pelas construções colossais. Nunca devemos esquecer que a Alemanha é tardia, datando apenas do século IX, e como corpo político distinto é ainda mais tardia; que, enfim, ela entra na vida europeia sob o signo do Império, que lhe impôs seus parâmetros, sem que ela tenha feito, nem mesmo tentado, suas experiências autônomas. Através de reincidências de anarquia, ela permaneceria muito tempo fiel aos princípios com os quais se organizou e se construiu em seu início. É o que explica em parte por que, no desenvolvimento geral da grande civilização medieval, a Alemanha seja mais lenta, menos original, menos criadora que outros povos. Em pleno século XIII, ela continua a edificar basílicas carolíngias, adotando muito tardiamente o estilo gótico. Ela adere totalmente ao seu passado. O feudalismo ali se mantém praticamente intacto até o limiar da época moderna, onde ele se prolonga pelo regime de castas. É em seu arcaísmo que reside sua grandeza. Sua função política é dupla: autêntica, na luta contra os eslavos e as populações do Nordeste europeu; artificial, no esforço eternamente vão de pôr a mão sobre a Itália e fazer do Império germânico um Santo Império romano, uma potência universal. O desmembramento da herança de Carlos separou a Alemanha das terras do Oeste, que não foram restituídas com a coroação de Otão I. A unidade germânica tinha sido realizada durante algumas gerações por uma poderosa família da Austrásia. Ela pôs fim às longas guerras que opunham, desde Clóvis, os germanos cristianizados, instalados em terras romanas, e os bárbaros da Europa central. E ela se desfaz no século X, não apenas no registro político, mas no espiritual. É então, e não no ano 800, que começa a Idade Média, reação contra o germanismo carolíngio e definição original do Ocidente.

Do ponto de vista geográfico, o Ocidente é a parte da Europa banhada pelo Atlântico e pelo mar do Norte. Suas margens meridionais, na França, na Espanha, asseguram-lhe também uma fachada mediterrânea, mas ele se abre para um horizonte infinitamente mais vasto e mais aberto, para a imensidão dos mares frios além dos quais o sol se põe. Enquanto a civilização europeia é feita quase exclusivamente pelos Mediterrâneos, ela se move, com admirável firmeza, num círculo estreito. Aliás, seria inexato – algo que ainda se faz com demasiada frequência – representar esse mar como um lago interior, como uma espécie de Cáspio, situado no meio de um território homogêneo: ele é o ponto de encontro e o traço de união de três continentes, a Europa, a África e a Ásia: daí uma riqueza e uma concentração de elementos que talvez expliquem, ao menos em parte, a incomparável qualidade humana das grandes culturas clássicas. Mas, apesar das caravanas, das navegações e dos périplos, apesar da amplidão de um tráfico que se estende de Ofir às Cassitérides, apesar da expedição de Alexandre à Índia, apesar das campanhas de Agrícola na Grã-Bretanha, o Mediterrâneo, esse maravilhoso ponto de cruzamento, é um limite. As forças que convergem para o centro são mais poderosas do que as forças que irradiam. Favorecidas pela constância do clima, pela clemência das estações, pela pureza do céu, pelos povos da vinha e da oliveira, essas culturas de artistas puderam realizar um sucesso histórico inigualável, e podemos mesmo acreditar que, ao recuar as fronteiras de seu universo, elas comprometessem o verdadeiro sentido de sua obra. Era bom que, para seus olhos, o rio Okeanos fosse o cinturão intransponível da terra. O que deram de essencial para a civilização os navegantes fenícios que ousaram enfrentar os perigos dos mares longínquos, ultrapassar as colunas de Hércules, contornar o continente negro? Talvez a verdadeira filosofia das guerras púnicas seja menos definida pelo conflito entre Roma e Cartago, entre os latinos e os semitas, do que pelas grandes linhas de um drama entre a concepção puramente mediterrânea da ação, concepção de legistas, de soldados, de agrônomos e de estatuários, e, de outro lado, a concepção muito mais ampla e mais difusa que convinha aos mercantes que viajavam sem cessar pelos caminhos do mundo. Aliás, a partir do dia em que o limite se desloca em direção ao Leste, quando um excesso de asiatismo invade o pensamento grego, depois o pensamento romano, estes últimos perdem não apenas sua pureza, mas também seu vigor.

Seja como for, houve ali, à volta do mar feliz, durante uma dezena de séculos, uma paisagem histórica admiravelmente instalada, um território escolhido para o mais alto desenvolvimento da vida humana. É possível que ele pudesse, em outras circunstâncias, continuar a prodigar inesgotavelmente seus dons. O fenômeno tão complexo que chamamos a Renascença – que, aliás, inclui tanto da Idade Média – tenderia a nos fazer acreditar em uma nova vocação mediterrânea: mas ela coincide precisamente com imensas descobertas transoceânicas, e, mesmo sem essas descobertas, as bases da civilização europeia tinham se modificado havia muito. Não era a Europa central que tinha servido de terreno para a nova paisagem da civilização. Basta lançar os olhos sobre um mapa para percebê-lo. O velho domínio continental dos germanos, entre os Alpes, o Reno, o Báltico e os países eslavos, sem comunicação natural com o Atlântico e o Mediterrâneo, parece condenado a uma espécie de imenso provincianismo, às alternativas de uma vida ora lenta, ora frenética. Na história de sua evolução, no que concerne à Alemanha, é preciso levar em conta não apenas sua entrada tardia na comunidade europeia, mas o lugar geográfico muito particular que ela ocupou desde o tratado de Verdun. Ela vê de modo imperial, porque nasceu violentamente das guerras carolíngias e do Império carolíngio. Ela traz as marcas dos ferros com que foi parida na dor. Ela guarda da pré-história o instinto das guerras sem piedade, a nostalgia das florestas e das migrações de tribos, a crença no valor absoluto de um superpovoamento que pesa sobre as tribos vizinhas. Ela exporta para longe colônias maciças que conservam religiosamente a tonalidade provinciana de suas origens. Com seu medíocre balcão para um mar de águas rasas, o Báltico, é a parte menos arejada da Europa. É natural que ela se concentre num devaneio racial, que busque uma escapatória na filosofia e na música, em que ela é grande, enfim, que o universo seja objeto de sua avidez, não de uma curiosidade humana. Estas observações não têm como objetivo diminuir sistematicamente a contribuição e o valor de uma nação, mas explicar, à luz de constatações positivas tomadas da história e da geopolítica, por que o corpo germânico propriamente dito, aliás tão importante na Idade Média, não tenha construído, nem sequer colorido, a Idade Média. Não é ali e também não é no Mediterrâneo que ocorreram as experiências essenciais.

A história é feita de um triplo feixe de forças agentes — as tradições, as influências, as experiências — e é sobre umas ou outras que cada civilização, e talvez cada época de cada civilização, põe ênfase alternadamente. A tradição é como uma força vertical que sobe do fundo das eras, mas que, por vezes, absolutamente sem se interromper, perde sua unidade, seu impulso vital, é substituída por ficções e mitos deformadores: talvez seja uma necessidade se adaptar assim à novidade do tempo. Raramente uma tradição é algo de puro. Há mesmo tradições inteiramente inventadas pelas necessidades de tal ou qual causa, cujo interesse não é medíocre. Mas, seja qual for a diversidade de aspectos desse movimento interno, ele representa a colaboração do passado com a atualidade histórica. As influências, por sua vez, representam as técnicas das trocas e da irrigação. Por meio delas, povos se comunicam com outros povos, e essas contribuições estrangeiras são aceitas com maior ou menor passividade, seja por infiltração, seja por choque, seja porque respondem a uma necessidade profunda dos meios, seja porque elas os desconcertam. São como uma superfície horizontal, percorrida por correntes diversas que estabelecem uma espécie de acordo mutável, de consenso mais ou menos estável na comunidade humana. Mas está claro que são as experiências, estimuladas pelo instinto da pesquisa e da criação, que enriquecem e renovam a história. São elas que, por assim dizer, avançam sobre o futuro. Comportam tateamentos, equívocos, erros, nem sempre são felizes, mas, sem elas, não haveria história, mas trocas sem futuro entre formas inertes de conservadorismo. Nos períodos desprovidos do gênio da tentativa e do risco, aplica-se a breve e terrível frase do escritor merovíngio, *mundus senescit*.[9] É contra esse envelhecimento, essa senilidade, que a Idade Média se fez, e é ao Ocidente, aos "países do Oeste", que devemos as experiências que conferiram a ele não apenas sua grandeza, mas sua rica aptidão para uma vida jovem.

Esses países são a Noruega e seus "adjacentes" escandinavos, como eles, navegadores dos vastos mares, as ilhas britânicas, a Gália, a Espanha. Estas duas últimas possuem o privilégio de uma dupla fachada, uma dando para o Atlântico, outra para o Mediterrâneo. Mas, desde o século VII, a Espanha foi recoberta pelo Islã: seu trabalho histórico, esperando a descoberta e a colonização das grandes Índias, tem dois aspectos: primeiro, a reconquista da terra cristã e, de outro lado, a transmissão para o Ocidente dos elementos assimiláveis da cultura muçulmana. Por sua parte do noroeste, a velha "marcha hispânica", o condado de Barcelona, conquistado por Carlos Magno em terra islâmica, ela propaga, a partir do século X, com uma cultura requintada, experiências construtivas de uma importância considerável para o futuro da Idade Média: mas essa é, essencialmente, sua contribuição mediterrânea. Por muito tempo, em seu duro solo, que é

---

9 O mundo envelhece. Em latim, no original. O escritor merovíngio é o pseudo-Fredegário. Em sua crônica, a frase completa é: "*perit mundus, senescit mundus, deficit mundus, laborat anhelitu senectutis*": "O mundo perece, o mundo envelhece, o mundo desaparece, ele labuta com o suspiro da velhice". (N. T.)

uma das formações geológicas mais antigas da Europa, ela apresentará o espetáculo de ser uma espécie de África em que, na vida moral, bem como nos monumentos, três culturas entram em contenda: uma cultura oriental, que desenvolve aí seus mais belos dons e cria um primeiro tipo de humanismo medieval, pelo acorde do pensamento do Islã, do pensamento grego e do pensamento judeu; uma velha cultura mediterrânea, que produz latinistas delicados e os construtores de abóbodas dos mosteiros da Catalunha; enfim, uma cultura propriamente ocidental, importada primeiro por Cluny, depois por Cister, depois pelos arquitetos das grandes catedrais, e que faz reflorirem sucessivamente em terra ibérica as igrejas da Aquitânia, da Borgonha e do Domínio real. Mas o fenômeno mais notável é que essas culturas tão diversas não apenas se justapõem, elas também não se contentam de se suceder, como os cenários de um drama em vários atos. Elas trocam seus recursos, criam experimentalmente híbridos de uma estranha beleza: uma arte românica do Islã, a arte moçárabe; um gótico islamizante, a arte mudéjar. Quando estudamos, seguindo Gomes Moreno, as igrejas moçárabes do século X, ficamos estupefatos, apesar da constância de uma certa regra litúrgica, de um espírito, com a variedade de tipos e com a capacidade inventiva. Independentemente da profundidade da marca árabe, da força dos aportes setentrionais, a Espanha criou uma tonalidade arquitetural, uma tonalidade humana que lhes são próprias. Com todos os elementos que lhe fornecem o extraordinário choque de povos do qual ela foi o palco, processa pesquisas que são e que permanecerão sempre originais. Sem dúvida, na época a que nos referimos, o final do século X, sua vocação "atlântica" não despertara ainda: mas, desde que ela encerra seu debate próprio, entre o Norte e o Sul, ou, antes, entre o Ocidente mediterrâneo e a África, sabe-se com que impulso ela se lançará pelos trajetos marítimos para ir organizar, ao longe, um novo mundo.

A Gália da Idade Média é dupla, apesar de sua homogeneidade territorial e humana. Nêustria e Austrásia não correspondem apenas a duas formações políticas, mas também a duas direções de seu gênio. A luta dos prefeitos do palácio de Nêustria e Austrásia terminou provisoriamente com vantagem destes últimos, e pode-se mesmo dizer que a fundação do Império carolíngio é o resultado e a obra-prima da política austrasiana. Mas todo o futuro histórico tem por base e por centro de expansão o domínio real, limítrofe dos condados marítimos. A função histórica de Paris fica definida em grande parte pelas atividades dos nautas, navegadores do alto e baixo Sena. A região parisiense é um dos cruzamentos de rios mais importantes da Europa ocidental, talvez o mais importante. É aí, não longe da Mancha, que a França moderna começou a se constituir, com longas lutas para reconquistar o acesso direto para o mar e para retomar os territórios cedidos aos normandos por Carlos, o Simples, no início do século X. No século VI, a Armórica tinha sido povoada por gente do País de Gales e da Cornualha, fugindo das invasões germânicas na Grã-Bretanha, e esse velho maciço de granito, eriçado de monumentos megalíticos, a ponta extrema do Ocidente, enfiada no mar oceano, continuava com suas relações de pesca, de comércio ou de guerra com as ilhas, fiéis a essa vocação dos mares que a geografia lhe impunha: captamos isso desde o tempo da guerra das Gálias, quando César fala da marinha dos Vênetos, de seus pesados navios manobrados com equipamentos de ferro. Ao sul do Loire se estende um longo litoral, que serve de margem a uma das regiões mais ativas, mais prósperas

## O ano mil

da Idade Média, o Poitou, a Saintonge, e, de modo geral, a Aquitânia que, em sua parte meridional, poderia ser chamada o Entre-dois-Mares, porque participa ao mesmo tempo de sua posição oceânica e das contribuições mediterrâneas. Enquanto a Bretanha permanece por muito tempo descentrada e fechada, a não ser para as influências normandas, o Sudoeste testemunha, em seus monumentos, as extremas diversidades de sua vida histórica: na época românica, a forte marca do construtor romano se manifesta ainda pelo emprego de belas colunas dispostas contra as fachadas ou contra as absides; a arquitetura das abóbodas é mediterrânea; o tratamento da escultura decorativa lembra o dos marfins árabes; os estojos com cenas de caça são trazidos da cruzada da Espanha. Assim se impõe para nós a fecundidade dos contatos no Ocidente, e particularmente na França, graças à sua dupla exposição – como na Espanha, mas com o privilégio de ter permanecido terra cristã, país livre.

Seria impossível contestar por um só instante as origens mediterrâneas da arquitetura românica, ou mesmo subavaliar o papel do recuo do Islã na importação de certos elementos do Oriente próximo nas Gálias. É preciso saber que os árabes perderam sua base de La Garde-Freinet em 973 e que os Pisanos, no início do século XI, começaram a limpar o Mediterrâneo ocidental. Acrescentemos, aliás, essa coincidência, ou, antes, esse sincronismo, que não é de medíocre interesse: é nessa mesma época que os príncipes Bagratúnios, grandes construtores de igrejas, cuja influência se encontra na arquitetura e na escultura das Gálias, liberavam o território armênio. Mas os monumentos não viajam em caixas bem numeradas dentro de navios bem protegidos. A questão é mais complexa, mais nuançada. Pode-se mesmo dizer que toda imitação passiva, como toda importação, é mais ou menos estéril se não se reproduz em ambientes que a retomam, que a repensam, que a modelam segundo suas exigências próprias. É bastante inútil insistir sobre a espantosa variedade da arte românica francesa: durante muito tempo ela foi estudada por "escolas", termo envelhecido, mas que tem o mérito de sublinhar a diversidade das experiências e a riqueza das soluções. Mesmo no interior de um grupo bem homogêneo, como os das basílicas de peregrinação, há diferenças profundas entre igrejas como Saint-Martial de Limoges, Sainte-Foy de Conques e Saint-Sernin de Toulouse. Mas o caráter experimental e o poder inventivo dessa arte se manifestam quando comparamos uma igreja da Borgonha do tipo cluníaco a uma outra, na mesma região, do tipo de Vezelay. Mais ainda, se passamos da Normandia à Provença, ou do Sudoeste à Auvergne. Enquanto as colossais igrejas do Reno, magníficos mastodontes carolíngios, parecem ter encalhado nas margens do tempo, como testemunho de uma arte finda, a arte românica do Ocidente vive com uma intensidade, com uma variedade de recursos inesgotáveis. Temos um sentimento mais forte disso se nos pusermos nas origens desse desenvolvimento para assistir ao seu nascimento no século XI e à sua definição, pouco a pouco, por pesquisas, por tentativas que, partindo de sugestões ou de protótipos longínquos, terminam por definir formas novas.

    Assim, a experiência ocidental modela com originalidade o patrimônio mediterrâneo. O Oriente que pulula na escultura românica é empregado segundo uma lógica arquitetural e uma lógica humana que é a nossa. Com maior razão, a arte gótica se apresenta a nós como uma experiência própria do Ocidente. Sem dúvida, como já foi demonstrado com felicidade, existem ogivas armênias, textualmente imitadas na Itália e em certas

*O ano mil*

construções militares da França. Sem dúvida, há exemplos antigos de ogivas lombardas que talvez se vinculem a procedimentos empregados pelos romanos. Mas a arte gótica nada tem de mediterrânea. Seu elemento técnico essencial foi tentado com diversidade em mais de um ponto do território francês, e, quando se definiu como um modo sistemático e novo da arte de construir, isso ocorreu na Normandia e na Inglaterra, em Lessay, em Saint--Paul de Rouen, em Durham (1093-1104). Enfim, quando ele engendra um estilo, ou seja, um sistema coerente, original e completo, isso ocorre no coração da Francia, por uma série de experiências tão rigorosamente encadeadas que já foi possível compará-las ao desenvolvimento de um teorema. É um erro ao qual a ciência alemã teve que renunciar, o de atribuir a essa arte origens germânicas, a Germânia tendo sido, de todas as nações, a mais lenta a adotá-la. Quanto a interpretá-la como um devaneio das raças germânicas sobre a natureza e o divino, trata-se de uma velha ficção romântica; a razão, a harmonia, a medida que presidem às combinações mais audaciosas do *opus francigenum*[10] a condenam sem apelo.

A arte gótica é, portanto, a expressão pura de um pensamento e de uma pesquisa ocidentais. Pode-se mesmo dizer que, por seu berço, esses elementos pertencem essencialmente à civilização do Atlântico. As relações que uniam a Grã-Bretanha à França no plano econômico, a rota indo de Boulogne por Noyon até as cidades mercantes da Champagne, coloriram com contribuições novas e apreciáveis o acervo gótico do Ocidente e se somam ao que nos oferecem, para a época imediatamente anterior, as relações políticas entre a Normandia e a Inglaterra.

---

10 Trabalho ou obra francesa – denominação do gótico. Em latim no original. (N. T.)

Mas foi desde um período mais antigo que as ilhas Britânicas contribuíram com elementos originais para o desenvolvimento do gênio do Ocidente – não na Inglaterra do Sul, em que a missão de Agostinho havia introduzido o cristianismo à maneira romana, mas na Nortúmbria, na Escócia e, sobretudo, na Irlanda. Esta última região havia conservado, num meio céltico recuado, ricas contribuições da civilização do bronze: depois de um sono de mais de quinze séculos, é espantoso ver renascer ali, com vigor e profusão extremos, a cultura da espiral e dos trançados, enquanto o cristianismo irlandês toma seu acento próprio, obstina-se, em famosas controvérsias, em conservar suas posições pessoais na liturgia e no calendário eclesiástico e propaga uma hagiografia cheia de maravilhas, às quais se misturam restos de epopeias pré-históricas. Sejam quais tenham sido, na civilização irlandesa, as contribuições mediterrâneas, por exemplo as que são devidas aos monges coptas de certos mosteiros, não há como negar que houve ali, em pleno Atlântico, um foco muito antigo e muito original, uma espécie de celtismo marítimo cujos pensamentos e cujas pesquisas vão ao encontro do humanismo clássico, não por acaso, ou por brincadeira, mas em virtude de uma estrutura intelectual que não é nem aquela do Mediterrâneo nem aquela da Germânia. Sem dúvida é lá que são feitas as experiências mais audaciosas sobre a forma do homem, considerada como tema ornamental, os homens-palma, os homens-entrançados, dos velhos evangeliários. É de lá que partiram não apenas são Columbano, fundador de Luxeuil e de Bobbio, mas esses *peregrini Scotti*,[11] peregrinos de

---

11 Peregrinos gaélicos (a palavra *scoti*, ou *scotti*, servia para designar falantes de língua gaélica e céltica). Missionários irlandeses que percorriam

toda a cristandade ocidental, que ensinavam em todos os lugares seus estranhos segredos, a magia das combinações lineares, a tal ponto que a arte da miniatura carolíngia justapõe – sob encadernações em que os cabochões das gemas ainda parecem como que montados pelos ourives bárbaros – um renascimento da figura humana tratada segundo os princípios mediterrâneos e, de outro lado, maravilhosos jardins abstratos, canteiros de entrançados em que a forma pura, deleitando-se consigo mesma, oferece um pretexto ilimitado a todos os caprichos da imaginação. É o despertar de algumas dessas velhas formas, particularmente a contracurva, que, no início do século XIV, contribuirá para o estilo flamboyant. Num outro plano, para além do da decoração, o que há de comum, por exemplo, entre as torres finas e altas de Glendalough, semelhantes a círios de pedra, e a maciça arquitetura carolíngia? E, apesar de que certos marfins carolíngios tenham podido ser copiados em alguns relevos que decoram as cruzes da Irlanda publicadas por Françoise Henry,[12] não são eles – longe disso – que conferem seu caráter a esses monumentos, mas sim o antigo disco solar combinado com o crucifixo, os painéis de entrançados, as cenas de caça e de guerra esculpidas nos pedestais e que são tomadas a antigos cantos épicos insulares. Enfim, é desse meio que se origina aquele que talvez seja o pensador mais estranho e mais profundo de toda a Idade Média, Escoto Erígena, cuja teologia visionária, de

---

    o continente na Europa carolíngia, monges, estudiosos e missionários que se estabeleceram em diferentes partes da Europa, como na Alemanha, França, Itália e Suíça. Eles contribuíram significativamente para a difusão do cristianismo e da cultura irlandesa. (N. T.)

12  F. Henry, *La sculpture irlandaise dans les douze premier siècles de l'ère chrétienne*, Paris, 1933. (N. A.)

um rico conteúdo metafísico, estabelece no século IX um contraste tão vivo com o academismo do pensamento bizantino e suas querelas vãs. Quanto aos escandinavos, eles trazem à mente outras reflexões. Muitas vezes esquecemos que existem dois tipos de germanos: os germanos continentais e os povos do mar. Enquanto os primeiros encontraram há muito tempo seu assento territorial na região da Europa central que lhes tomou o nome, e que depois da divisão do Império carolíngio, mas sobretudo depois da fundação do Sacro Império, teve sua dilatação voltada especialmente para o leste, contra os eslavos, e em direção ao sul, contra a Itália, é sobre um espaço imenso, principalmente no Atlântico, que se propagam as incursões dos normandos, até a grande época dos vikings, quando Canuto funda um império que engloba a Inglaterra, esperando a conquista definitiva desta última por um outro viking, cujos pais haviam se tornado, um século e meio antes, vassalos territoriais da França: Guilherme, o Conquistador. Uns e outros não se opõem apenas pela área de suas migrações, que conduziram os normandos à Itália meridional e à Sicília, mas também pelo caráter próprio de suas culturas. Se algum dia os germanos continentais tiveram aptidões originais, pode-se afirmar que nos séculos IX e X eles as perderam completamente, sendo o complexo da civilização carolíngia — aliás, completamente artificial — essencialmente mediterrâneo, com contribuições irlandesas e algumas sobrevivências bárbaras. Ao contrário, é a época do maior esplendor da cultura escandinava, desde as estelas de Gotland até os barcos de guerra de Vetsfold. Nós não podemos entrar na difícil questão de suas relações com a civilização das ilhas Britânicas, com a Irlanda; pouco importa, para nosso estudo, saber o que eles deram e receberam. Por outro lado, não deixaram de exercer alguma influência sobre o Ocidente continental. Não é preciso lembrar os monstros das enjuntas de Bayeux. Mas não se podem também sobre-estimar esses aportes. A teoria segundo a qual a arte gótica seria devedora de certos dados fundamentais das igrejas de madeira da Noruega repousa sobre uma interpretação cronológica mais do que discutível e sobre uma assimilação inexata da técnica da madeira e da técnica da pedra. Não, o que conta é que temos nessas regiões uma cultura de fecundidade e vitalidade extraordinárias, que, na monotonia de certos temas pré-históricos, multiplicou as experiências criadoras, com o estilo animal renovado e demonstrada a riqueza de aptidões, já provadas por obras notáveis durante a idade do bronze. A grandeza da Germânia deve ser buscada nessas regiões fertilizadas pelo mar, último passo do homem do Ocidente antes dos gelos do polo. É desse litoral que partiu, para se dilatar para o extremo Oeste, até a Groenlândia, até o continente americano, bem antes das eras das grandes descobertas.

É notável, mas não surpreendente, que a cristianização dos escandinavos tenha pouco a pouco neutralizado essa originalidade e que a arte mediterrânea, sob sua forma romana, tenha terminado por eliminar esses encantadores e bizarros portais de entrançamentos que representam o último estágio, o estágio barroco, da cultura escandinava. Este é apenas um dos aspectos dos conflitos que, no drama da Idade Média, opõem o Mediterrâneo ao Atlântico, os povos do Ocidente aos povos da Europa central, os germanos continentais aos germanos marítimos. Acabamos de ver alguns episódios – a posição dos bárbaros em relação às grandes construções históricas do Mediterrâneo, a criação da Alemanha pelos carolíngios e a marca que eles nela deixaram, enfim, o despertar do Ocidente, que realiza suas próprias experiências, sem romper – longe disso – com o Mediterrâneo, mas definindo um novo sítio, um novo território para a civilização humana. A Idade Média não é essencialmente nem mediterrânea nem germânica, tampouco "nórdica". Ela é ocidental. Não construiu apenas igrejas, mas uma sociedade. Aos escombros acumulados pela queda do Império carolíngio, à feudalidade nascida de sua decomposição e que é propriamente o estatuto das organizações primitivas, tais como a África negra oferecia ainda exemplos no final do século XIX, ela fez um esforço para substituir uma nova ordem pública, pela Magna Carta, pela liberação das cidades, pelos esforços feitos durante séculos pelos reis capetianos, esses senhores feudais, para aniquilar outros feudais e dar à França essa unidade profunda, esse caráter de nação moderna que a Alemanha e a Itália só recentemente adquiriram. O Ocidente, banhado pelo Atlântico, é o pedestal da civilização medieval e contemporânea, como a Grécia, banhada pelo Mediterrâneo, é o pedestal da civilização antiga.

\*\*\*

Se insisto sobre esses fatos, não é para dispor na frente e atrás do ano mil um panorama inútil de considerações gerais. É que essa data me pareceu uma daquelas em torno das quais se articula fortemente a Idade Média. Veremos que acontecimentos se produziram então no Islã, com o declínio do Califado de Córdoba; na Escandinávia, com guerras decisivas e a conversão ao cristianismo; no Império e em Roma, onde Gerberto e Otão III instalaram uma monarquia universal muito precária, símbolo da fragilidade das aspirações italianas da Alemanha: enfim, na

Europa oriental, onde os húngaros, depois de ter devastado o Ocidente por muito tempo, tornam-se seus defensores e fazem da monarquia apostólica uma marcha contra os bárbaros das estepes. Por outro lado, as igrejas do mesmo período nos mostrarão, com a poderosa continuidade da arquitetura carolíngia no Norte da França, a instalação e a propagação de certos tipos mediterrâneos de uma fórmula muito antiga, mas comportando uma novidade revolucionária, a abóboda, enquanto, nas regiões intermediárias, ao longo do Loire, se desenvolve rapidamente um novo tipo de abside, convocado a tornar-se um elemento característico da arquitetura ocidental, tanto na época românica quanto na época gótica. Tradições, influências, experiências se combinam; o Oriente, o Mediterrâneo e o Ocidente trabalham em concerto. Falta-nos determinar a respectiva contribuição deles. Falta analisar, e traçar, diante de um fundo ainda obscuro, certas figuras cujo relevo está longe de ser medíocre. Porque a história não é feita apenas de correntes, de acontecimentos e de estruturas, ela é feita essencialmente de valores humanos.

# I
## O *problema dos terrores*

Temos o direito de fazer intervir no estudo da história os fenômenos de psicologia coletiva? Estes são, sem dúvida, os mais difíceis de captar com precisão. Temos um entendimento direto sobre o sentido e a vida de uma instituição, sobre as causas e os resultados de um acontecimento militar, sobre uma convenção política. Podemos até reconstituir os motivos que agiram sobre uma consciência humana. Estamos muito menos armados para abordar a vasta região indeterminada dos instintos, das crenças e dos movimentos que fazem agir – não o indivíduo, mas as multidões. Mas podemos negligenciar esse elemento quando se trata da fé religiosa ou da fé revolucionária, por exemplo? Seria perigoso eliminar esse dado fundamental da sociologia, mesmo quando ela reveste, como ocorre frequentemente, um caráter fantástico. Grandes ondas afetivas como o amor e o medo agitando um povo inteiro não são necessariamente apenas ilusões romanescas. O principal é constatá-las, primeiro, nos textos, fazer a análise delas, mostrar seu alcance e intensidade relativos de acordo com os tempos e os lugares.

Talvez seja mais prudente, no momento de empreender o estudo de um grande ano do Ocidente, assentá-lo primeiro sobre suas bases mais firmes, e não penetrar nele por esse acesso difícil e incerto. Mas, embora os historiadores sérios tenham formulado, a propósito dos terrores do ano mil, as reservas mais categóricas e mais bem fundamentadas, essas duas noções, o ano mil, os terrores, estão ainda fortemente associadas em algumas mentes esclarecidas, particularmente entre certos arqueólogos. Trata-se não apenas do efeito de uma concepção romântica da Idade Média própria ao século XIX, mas também de um procedimento cômodo para a classificação dos fatos: no ano mil, o homem do Ocidente atingia o apogeu das infelicidades que se abateram sobre ele ao longo do século X; a crença no fim do mundo despertada pela aproximação da data fatídica e estimulada por prodígios; um medo sem nome se apodera da humanidade; os tempos profetizados pelo apóstolo haviam chegado... Mas o ano passa, o mundo não foi destruído, a humanidade respira aliviada, entra, agradecida, nos novos caminhos. Tudo muda, tudo melhora – e, em primeiro lugar, a arquitetura religiosa. Num texto famoso, ao qual voltaremos, o monge Raoul Glaber escreve: "Três anos depois do ano mil, a terra se cobria de uma branca veste de igrejas...".[1]

Se alguns historiadores do passado sucumbiram à tentação de nos apresentar um quadro fortemente contrastado desse período da Idade Média, acumulando alternadamente sombras e luzes, enfatizando com a complacência do talento o caráter convulsivo da crise, devemos, em reação, após dissipar a lenda dos

---

[1] Raoul Glaber. *Les cinq livres de ses histoires (900 – 1044)*, éd. Prou, Paris, 1886, livre III, ch. IV; E. Pognon. *L'an mille*, Paris, 1947, p.89. (N. A.)

terrores, nos concentrar exclusivamente nos eventos construtivos notáveis neste momento e representá-lo, com otimismo, como um dos momentos felizes, afinal, na história do homem? Ou ainda, como fizeram alguns, adotar uma posição moderada e prudente, equidistante dos dois extremos, neutralizando de certa forma o ano mil, vendo-o como um ano como os outros, entre tantos outros? A questão é mais complicada. Primeiro, é preciso esvaziar o problema dos terrores e das calamidades, mas levando em conta vários fatos. As crenças milenaristas não são palavras vazias. Quais são suas origens e desenvolvimento – muito desigual – no Oriente e no Ocidente – e o sentido que tomam na evolução do pensamento cristão? Elas não teriam atuado em um certo momento do século X, e em que regiões, em que classes da sociedade? Que parte pode ter tomado aí o despertar dos estudos apocalípticos? Como se chegou a localizar os terrores no ano mil, coisa que parece de imediato muito natural, mas o que é inexata? Enfim, que papel eles representam ainda no estudo arqueológico da Idade Média? É apenas depois de ter respondido a essas questões que poderemos analisar objetivamente nosso tema.

# I

A ideia do fim do mundo aparece em quase todos os antigos povos como um elemento fundamental de suas religiões ou filosofias, assim como a ideia do renascimento glorioso, assim como o tema da periodicidade milenar: por exemplo, no mazdeísmo iraniano, ao término de 11 mil anos, o inverno e a noite se abatem sobre o mundo, mas, do reino de Yima, os mortos ressuscitados descem para repovoar a terra. Crenças análogas se encontram na velha mitologia germânica, em certas comunidades muçulmanas. A filosofia de Heráclito e a filosofia estoica já estavam mais ou menos impregnadas de doutrinas análogas. No *De natura deorum*,[2] Cícero explica como o mundo perecerá pelo fogo, mas o fogo sendo a alma, sendo Deus, o mundo renascerá tão belo quanto antes.

Segundo o milenarismo cristão, Cristo deve governar o mundo por um período de mil anos – em latim, *millenium*, em grego, *quiliasmo*. Essa ideia é essencial na cristandade primitiva, na qual permanece uma velha tradição judaica. Harnack[3] mostrou bem o desenvolvimento desse pensamento, assim como a complexidade dos elementos que a compõem: o supremo combate contra os inimigos de Deus, o retorno do Cristo, o Juízo Final, a fundação na terra de um reino glorioso. Na literatura apocalíptica judaica, em Jeremias, Ezequiel, Daniel, assim como nos Salmos, o reino messiânico não é limitado em sua duração. Depois, uma nova ideia surge: distinguem-se a vinda do Messias e a aparição do Deus juiz. Daí uma duração limitada do reinado messiânico propriamente dito: limitada, mas não estipulada por Baruque, para quem esse reino durará enquanto durar a corrupção do mundo – texto precioso, pois nos proíbe de confundir o reino messiânico, sob o qual a humanidade se debate ainda contra o pecado, e o reino da glória. De acordo com o Apocalipse de Esdras e com o Talmude, a duração do reino messiânico é de quatrocentos anos. Mas a duração que lhe é mais

---

2 "Sobre a natureza dos deuses." Em latim no original.
3 A. Harnack, artigo *Millenium*, em *Encyclopaedia Britannica*, ed. 1934, v.15, p.89. (N. A.)

frequentemente atribuída é a de um milênio, quer dizer, um dia de Deus, um dia de mil anos. Nós veremos reaparecer no curso da Idade Média essa concepção de uma semana imensa, na qual os sete dias constituem as sete idades do mundo, com o último, preenchido pela realeza do Messias, tendo um valor sabático. Harnack nota justamente que o princípio de um limite na duração não aparece nem na literatura evangélica nem na literatura apostólica. Mas o Apocalipse de São João, esse estranho testemunho da sobrevivência do pensamento judeu entre os cristãos da Ásia, é formal a respeito desse ponto: o reino messiânico deve durar mil anos. Depois, Satã reaparecerá por pouco tempo e será destruído. Então os mortos sairão de seus túmulos para ser julgados e, como no mazdeísmo, um novo universo, um reino de glória, será criado para os eleitos. Segundo afirma Eusébio, Cerinto, um judeu-cristão, representava esse reino como cheio de sensualidade oriental: depois do apocalipse da destruição e do castigo, o apocalipse das delícias humanas. Como quer que seja, sob uma forma ou outra, essa ideia, em suas linhas gerais, é doravante ortodoxa, e os doutores que tentam conciliar paganismo e cristianismo, Justino, por exemplo, a consideram como um elemento essencial deste último.

Pode-se dizer que esse é o período mais florescente das concepções milenaristas. O que há ao mesmo tempo de fulgurante e de obscuro no Apocalipse joanino favorecia, através das diversidades das interpretações, esse sentimento de espera, essa fé em alerta, em expectativa, que é própria do messianismo. O Senhor viera. O Senhor tinha que voltar. O Senhor devia julgar os vivos e os mortos. Como calcular o tempo? Esse formidável dia, o último dia e a última era do mundo, em que estamos mergulhados, chegaria ao fim, o Anticristo não apareceria em breve? Desde a metade do século II começa a longa controvérsia entre interpretação literal e interpretação mística. O velho milênio judaico cai em descrédito depois que o montanismo o havia adotado. A Igreja grega desconfia cada vez mais do que ela considera ser uma fantasia de visionários, a ponto de excluir o Apocalipse dos escritos canônicos. As tentativas de conciliação, como a de Denis de Alexandria, atenuam apenas provisoriamente um debate que, a propósito do milênio, atiça, no interior do cristianismo, o gênio judeu e o gênio grego, a ansiedade de um messianismo eterno e o misticismo helênico. Os teólogos de Alexandria e de Bizâncio banem o Apocalipse, enquanto as velhas comunidades orientais, mais ou menos penetradas pelo judaísmo, o conservam. Poder-se-ia acreditar que se trate de um fenômeno de tradicionalismo estreito exercido em meios confinados, como o Egito copta, a Arábia, a Etiópia, a Armênia. Mas não, pois o Ocidente, em que o pensamento teológico é tão ativo e tão rico, apresenta o mesmo conservadorismo em mestres como Tertuliano, Lactâncio, Sulpício Severo. É extraordinário constatar não apenas uma simples nuance de tonalidade, mas uma oposição de doutrina.

Estes não têm dúvida alguma sobre a autenticidade e sobre o caráter apostólico de João. Nenhuma dúvida a respeito da vinda futura ou próxima de Cristo, que deve estabelecer seu reino terrestre e a Igreja dos santos por mil anos. Nenhuma dúvida sobre o retorno de Nero como o Anticristo. Não é ousar demais dizer que o milenarismo apocalíptico, com sua visualidade poderosa, com suas especulações judaicas sobre os números, com sua imprecisão ofegante a respeito do momento em que os dias serão contados, mantém a Igreja sob esse alarme dramático ao qual se prestam tão bem as cristandades orientais e ao qual o helenismo cristão repugna.

Teria sido a influência dos Pais Gregos que, através de doutores como são Jerônimo, terminou, no século IV, por atenuar, por embotar as convicções apocalípticas? Teria sido um fenômeno de enfraquecimento, como se produz frequentemente depois das altas tensões morais e da virulência inicial das doutrinas? Teria sido, enfim, a interpretação do milênio por santo Agostinho, que parece pôr fim ao estado de transe da alma cristã, ou, antes, que a acalma ao estendê-la por longos séculos? Para Agostinho, a Igreja é o reino de Jesus Cristo e o milênio começou no ano da Encarnação. Em um artigo, aliás rico e bem-vindo, Émile Gebhart apresenta a questão de maneira inteiramente diversa.[4] Ele supõe que o bispo africano, ao assistir à derrocada do Império, acreditou ver o primeiro ato entrevisto por Daniel, profetizado por são João, confirmado por são Paulo, o duelo do Anticristo e de Jesus que, primeiro, parecerá derrotado... Quanto ao último ato, ele só viria depois dos mil anos do reino temporal da Igreja e de Cristo. A derrocada do Império, acrescenta Gebhart, sendo o "prólogo obrigatório" do milênio. Seria preciso acrescentar pelo menos quatrocentos anos ao período do qual o próprio santo Agostinho não tinha visto o primeiro dia... Teoria muito discutível, na verdade, essa do "prólogo obrigatório" de quatro séculos. Se o milênio agostiniano, se o reino terrestre de Cristo começa com a Igreja cristã, é claro que ele coincide com o nascimento de Jesus. Poderíamos compreender, se tanto, que o reconhecimento oficial por Constantino fosse tomado como ponto de partida, e não a queda do

---

4 É. Gebhart. *L'état d'âme d'un moine de l'an mil*, *Revue des Deux Mondes*, set. 1891, p.600 e ss.; *Moines et papes, essais de psychologie historique. Un moine de l'an 1000, etc...*, Paris, 1896; ver também E. Pognon, *L'an mille*, 1947, p.41 e ss. (N. A.)

Império, a qual, aliás, se estende por várias gerações e não é, propriamente, uma "data". Quando Glaber dá o ano mil como o termo do milênio, não merece a crítica de Gebhart: ele tem razão. Mas é possível dizer que é um estranho reinado terrestre o do Cristo, que o exerce num mundo carregado de tantos pecados, de tantos crimes. É verdade, mas o Apocalipse de Baruque não permitiu que nós o ignorássemos: *Donec finiatur corruptio mundi*.[5] É, portanto, na corrupção do mundo e para extingui-la que a Igreja militante trabalha, até o dia em que, depois de uma última convulsão de Satã, depois do Juízo Final, a Igreja triunfante, a Igreja da comunhão em Deus, será estabelecida num mundo renovado. O reino terrestre não é, portanto, o reino da virtude e da paz, mas o desenvolvimento do drama queda e redenção, drama cheio de catástrofes e de colapsos.

Se o milenarismo, depois de Agostinho, parece ter desaparecido da doutrina oficial da Igreja do Ocidente, que, assim, teria terminado por adotar a atitude dos Pais Gregos, por outro lado ele conservava uma estranha vitalidade em certas regiões do pensamento religioso. Entre o humanismo evangélico, que oferece a paz, e o judaísmo apocalíptico, que soa o alarme, poder-se-ia acreditar que houvesse ali uma contradição flagrante. Na realidade, eles correspondem, um e outro, a certas necessidades da alma, e podemos até dizer que eles se completam. Uma sociedade muito perturbada e frequentemente muito infeliz é naturalmente inclinada não apenas à leitura literal dos grandes textos de onde saiu o milenarismo, mas, de modo mais geral, a uma interpretação apocalíptica da história, ao culto do Deus

---

5 "Até que a corrupção do mundo chegue ao fim." Em latim no original. (N. T.)

terrível, à espera do julgamento. Quando ele ocorrerá? Mil anos ou mil e quatrocentos anos depois da encarnação? Não, amanhã de manhã, porque eu posso morrer esta noite, e, então, minha sorte foi selada. Não importa a maior ou menor espera na noite do túmulo, já que será tarde demais para modificar a sentença do juiz soberano. O Apocalipse me grita para estar pronto, e a apavorante miséria do mundo não é nada, afinal, comparada aos flagelos que assinalarão o fim.

Eis por que, milenarista ou não, a Idade Média no Ocidente continuou a ler a revelação de são João e mesmo os Apocalipses de Esdras e de Hermas, que figuravam em certas bíblias. Eis por que os comentários e as ilustrações do Apocalipse joanino representaram um papel tão grande em sua vida moral. O comentário de Vitorino foi seguido de muitos outros. São Cesário compôs nada menos que dezenove homilias sobre a obra de são João, à qual o bem-aventurado Ambrósio Autperto consagra dez livros. Na linhagem desses grandes intérpretes se inserem Beato de Liébana, Haymon d'Halberstadt, Bérenger de Ferrière, Remi, monde de Saint-Germain d'Auxerre que, do século VIII ao século X, interrogaram o livro misterioso. É em Beatus – são Beato – que devemos mais insistir, porque seu comentário exerceu uma influência profunda e duradoura sobre o pensamento e sobre a arte da Idade Média durante o período românico. Sobre ele, temos alguns dados biográficos interessantes. Nascido por volta de 730 e morto em 798, foi o diretor espiritual da rainha Adosinda, esposa de Silo, rei d'Oviedo (774-783). Ele aparece, portanto, como a expressão dessa cultura cristã que os pequenos príncipes das Astúrias, de raízes visigóticas, contribuíam para manter no Norte da Espanha. Como abade de Liebana, ele pertence igualmente a essa cristandade moçárabe influenciada pelo Islã que foi um dos curiosos híbridos da civilização ibérica. Ele teria sido um dos mestres de Alcuíno e de Emerius de Osma. Mas ele é, antes de tudo, o autor do *Comentário sobre o Apocalipse,* que data de 776. Parece primeiro que o alcance doutrinal dessa obra esteja limitado a uma controvérsia teológica sobre pontos de dogma que haviam agitado e agitavam ainda a Igreja grega, sobre as relações de natureza do Filho e do Pai. Ele teve um grande papel na luta contra Félix de Urgel e Elipando de Toledo, partidários do adocionismo ou adocianismo, heresia segundo a qual o Filho e o Pai não são consubstanciais, o Filho tendo sido escolhido, *adotado* pelo pai, para sua perfeição.[6] Mas o horizonte humano que o *Comentário* de são Beato abraça é muito mais vasto, por causa das espantosas ilustrações com as quais ele foi enriquecido nos *scriptoria*[7] dos mosteiros moçárabes. Além da pintura dos monumentos dessa cristandade islamizada que representam ali as sete igrejas do Apocalipse, temos um quadro dos últimos dias do mundo com o majestoso horror da catástrofe e feito para impressionar a imaginação da maneira mais convincente. Une-se aí a extrema singularidade dessa espécie de orientalismo do Ocidente, que realça, com as combinações próprias ao Islã, o encanto ao mesmo tempo brilhante e suave da cor. Os textos eram feitos para aqueles que leem. As imagens desses livros admiráveis eram feitas para aqueles que não

---

6 Sobre Beatus de Liebana e o adocionismo, ver em conclusão com bibliografia: E. Amann, *Histoire de l'Église*, v.6. *Époque carolingienne*, Paris, 1947, p.130 e ss. As obras de Beatus foram publicadas por Florez, Madri, 1770. (N. A.)

7 Literalmente, lugar onde se escreve. Espaço onde os livros manuscritos eram copiados na Europa durante a Idade Média. Em latim no original. (N. T.)

sabiam ler e, mais ainda, para a transposição delas para a pedra das basílicas. É preciso nunca esquecer que, fora do círculo do clero, a cultura da Idade Média é uma cultura visual e que é pelos olhos que se propagaram nas multidões os ensinamentos da fé. Portanto, é impossível insistir demais sobre a importância do *Comentário* e de suas ilustrações. Considerável na época românica, como Mâle o mostrou – apesar de diferenças de estilo muito profundas –, faltam-nos elementos de apreciação positivos sobre seus efeitos nos séculos IX e X. Mas, sem dúvida, esses manuscritos impressionaram numerosos fiéis e começaram a agir sobre a arte monumental desde antes do renascimento da grande escultura.

Além disso, não eram os únicos. Ao lado dos Apocalipses moçárabes, há os Apocalipses carolíngios, cuja tradição prossegue sob os otonianos, e mesmo mais tarde, considerando, por exemplo, o Apocalipse de Bamberg como um monumento tardio. As grandes cenas apocalípticas pintadas nas paredes das igrejas nos séculos XI e XII se vinculam, em maior ou menor grau, a uma ou outra dessas correntes. Temos a descrição em versos daquela de Saint-Benoît-sur-Loire, e o tempo respeitou parcialmente as cenas apocalípticas que figuram na parte de baixo e no andar superior do pórtico de Saint-Savin-sur--Gartempe, as quais Yoshikawa estudou recentemente,[8] depois de Élisa Maillard. Não temos aí um breve episódio, nem limitado à Espanha, à França meridional e ao Império, já que um manuscrito de Cambrai nos permite restituir uma filiação francesa e gótica de um ramo anglo-normando. O pensamento do Apocalipse escolta toda a Idade Média, não nas dobras da

---

8 I. Yoshikawa. *O Apocalipse de Saint-Savin*. Paris, 1939. (N. A.)

heresia, no segredo das pequenas seitas escondidas, mas em plena luz e para o ensino de todos. É o que provam não apenas os tímpanos do Juízo Final, esculpidos no século XIII, mas também as tapeçarias do Apocalipse de Angers desenhadas por Jean de Bruges e executadas por Nicolas Bataille por volta de 1370. Acrescentemos que, em todos os momentos agudos da fé desde o fim do século XV, por exemplo quando se prepara a Reforma, o despertar do pensamento apocalíptico tem algo de explosivo: inspira as xilogravuras de Dürer. Poderíamos seguir esse rastro até muito mais tarde, e é possível dizer que, a cada vez que a humanidade é abalada em suas profundezas por um cataclismo político, militar ou moral de uma amplidão inusitada, ela pensa no fim dos tempos, ela evoca o Apocalipse. Nos meios em que queima o ardor de um catolicismo visionário, o gênio de Claudel interpreta e comenta, por sua vez, para nossa época aterrorizada, o livro que prediz e descreve o drama dos últimos dias.

Se o Apocalipse e os comentários apocalípticos apresentam essa vigorosa continuidade através dos séculos, se ela acompanha as grandes inquietações do homem, se sustenta a fé dos reformadores evangélicos, de Joaquim de Fiore ao protestantismo, ela aparece, portanto, como um elemento essencial do pensamento religioso no Ocidente. Mas ela não se liga forçosamente ao milenarismo; antes, ela tende a se destacar dele, quer se trate do milênio agostiniano ou de um milênio prorrogado, já que a data do fim do mundo permanece ambígua depois do ano mil. O número mil é, sem dúvida, interpretado como um número simbólico? Em todo caso, na doutrina da Igreja, só Deus é o mestre em determinar o terrível momento, só Deus conhece o prazo. A questão é saber se os homens do século X tomavam assim as coisas e se, à véspera dos dias em que o milênio agostiniano ia se completar, eles não sentiam pesar sobre si a ameaça direta.

O sentimento difuso do "entardecer do mundo" se manifesta na Idade Média no Ocidente bem antes da data fatídica. A frase *mundus senescit* não exprime apenas a tristeza de um espírito desencorajado que assiste a um declínio progressivo da civilização, a uma baixa constante do nível humano depois das invasões germânicas, não significa um puro pessimismo intelectual. Decerto, ela está de acordo com uma convicção religiosa. O mundo é semelhante a um ser vivo que, depois de ter passado o período da maturidade, entrou em sua velhice e que, como predisse o Apóstolo, deve morrer. Não é exigir demais desse texto de duas palavras dar a ele, assim, a plenitude de seu sentido. No século VIII encontramos uma convicção análoga, ainda mais firme, na Vida de são Pardulfo (787). Ela se exprime categoricamente no formulário dos atos de chancelaria compostos pelo monge Marculfo no século VII: *Mundum terminum ruinis crescentibus appropinquant indicia certa manifestant...*,[9] o que parece provar que a cronologia do milênio permanece ainda muito incerta. Os próprios termos oferecem uma mistura de certeza e de imprecisão. Nós os reencontramos no século IX em alguns atos de doação. É curioso constatar que eles se tornam mais raros no século X. Temos, entretanto, exemplos no Oeste e no Sul da França – entre outros, em uma doação de Arnaud, conde de Carcassonne e de Comminges, para a abadia de Lézat (944): *Mundi termino appropinquante...*[10] e no ato de fundação do

---

9 Sinais evidentes anunciam o próximo fim do mundo; as ruínas se manifestam. (N. A.)
10 Chegando o fim do mundo... Em latim no original. (N. T.)

priorado de Saint-Germain-de-Muret (948): *Appropinquante etenim mundi termino et ruinis crescentibus...*[11] Temos aí simples fórmulas de estilo, maquinalmente extraídas de um antigo formulário? Sim, em certa medida, mas o conteúdo delas, mesmo gasto por um hábito secular, não é menos autêntico do que o da fórmula "Em nome do Pai, do Filho e do Espírito Santo". O segundo terço do século X nos dá a conhecer outros fatos, que se devem levar em conta no exame da crença no entardecer do mundo. Desde antes dessa época, em 909, o concílio de Trosly convidava os bispos a se preparar para prestar contas de seus atos, porque o dia do Juízo ia chegar. Mas é por volta da metade do século X que parece ter se produzido um movimento intenso, uma crise.

Com efeito, é nessa época que ocorrem dois acontecimentos narrados por Abão de Fleury, nascido por volta de 940. Ele tinha ouvido, em sua juventude, em Paris, um predicador anunciar para o ano mil o fim do mundo, seguido de perto pelo Juízo Final. Relata também um rumor propalado na Lorena: o mundo deve acabar no ano em que a Anunciação coincidir com a Sexta-feira Santa. Esses rumores corriam por volta de 975. Mas essa coincidência ocorrera desde o século I e devia se reproduzir em 992. A *Apologia* de Abão é de 998.[12] Levantando-se contra o predicador parisiense e contra a legislação lorena, o futuro abade de Fleury aplicava, como todos os autores eclesiásticos que o sucederam, até os modernos, a sábia e prudente doutrina da Igreja: não datemos o Juízo Final, não forcemos o segredo da Providência. Escrito dois anos antes do ano mil, talvez seu livro tivesse

---

11 De fato, o fim do mundo está se aproximando e as ruínas estão aumentando... Em latim no original. (N. T.)

12 Abão, *Liber apologeticus* (Migne, *Patrol. Lat.*, CXXXIC, col. 461 e ss). (N. A.)

atualidade. Resta o fato de que, entre os anos 940 e 970 mais ou menos, certas cartas, um sermão, um rumor popular, atestam incontestavelmente a crença na proximidade do fim do mundo. Apesar do caráter suspeito da crônica de João Tritêmio, que não é exatamente uma fonte original, já que data do século XVI, a história de Bernardo da Turíngia, que ele situa em 960, não é nada desprezível: ela encontra uma espécie de confirmação nos fatos que evocamos e que são aproximadamente contemporâneos: esse eremita teria comparecido diante de uma assembleia de barões para lhes anunciar a vinda do último dia, que Deus lhe havia revelado.

Não é inútil afirmar que, por volta do meio e do início da segunda metade do século X, se produziu na França, na Lorena, na Turíngia, uma recrudescência da teoria do entardecer do mundo e talvez do milenarismo. Ela se manifesta não apenas nas chancelarias, mas também na Igreja e na consciência popular. Mas, além disso, ela afetava outros meios, em que se sentia a necessidade de combatê-la. É em 954 que Adso, rogado pela rainha Gerberga, mulher de Luís de Além-Mar, compôs seu *Libellus de Antechristo*,[13] tão famoso que acreditou-se poder ser atribuído ora a santo Agostinho, ora a Rábano Mauro.[14] Era desconhecer uma personalidade considerável, o vigoroso reformador da grande abadia champanhesa de Montièrender, o construtor ou, pelo menos, o iniciador da bela igreja consagrada no fim do século X pelo abade que o sucedeu, Berengário. O interesse político desse escrito não escapou aos historiadores da Idade Média que viam nele justamente uma prova da

---

13 Libelo do Anticristo. Em latim no original. (N. T.)
14 Sobre Adso: J. Roy, op. cit., p.186-7; texto do *Libelus* em Migne, *Patrol. Lat.*, CI, col. 1289 e ss; enfim E. Amann e A. Dumas, *Histoire de l'Église*, v.7, *L'église au pouvoir des laïques*, Paris, 1948, p.518. (N. A.)

permanência da ideia imperial no Ocidente depois da decomposição do Império carolíngio – e não apenas da ideia imperial, mas da ideia imperial franca. Kleinclausz[15] e, depois dele, Fliche[16] tiveram razão de pôr em evidência esse aspecto do tratado de Adso. Não há razão para se temerem o fim do mundo e a aparição do Anticristo enquanto os reinos não forem separados do Império romano, do qual eles eram parte integrante. Não chegaram os tempos. É verdade que o Império romano fora destruído em sua maior parte. Mas, enquanto os francos tiverem reis que sustentem esse Império, sua dignidade não cairá inteiramente, ela se sustentará em seus reis... Sabemos, com efeito, por nossos doutores, que um rei dos francos, nos últimos tempos, será o mestre de todo o Império romano e que ele será o maior e o último de todos os reis. Depois de ter governado com sabedoria, ele irá enfim a Jerusalém depor seu cetro e sua coroa no monte das Oliveiras.

Páginas memoráveis em que vemos a doutrina da Igreja unida a uma ideia política. A doutrina da Igreja: o homem não saberia datar o fim do mundo, esse é o segredo da divina Providência. A ideia política: a vocação imperial dos francos não se esgotou, sem dúvida o Império foi destruído e os reinos foram separados, mas continuam existindo reis francos que *devem* sustentar o Império, o que é o privilégio e a missão deles. Podemos pensar que o hábil Adso não esquece que escreve para a esposa de um rei carolíngio e que recolhe da própria dignidade de sua destinatária um raciocínio capaz de tranquilizá-la sobre o destino do mundo ao mesmo tempo que sobre o futuro de sua raça. Na

---

15 G. Bayet; C. Pfister; A. Kleinclausz, *Le christianisme. Les Barbares. Mérovingiens et Carolingiens, Histoire de La France* d'E. Lavisse, Paris, 1903, 1ª parte, p.550-1. (N. A.)
16 A. Fliche, *L'Europe occidentale de 888 à 1125*, Paris, 1930, p.132-3. (N. A.)

véspera dos dias em que o Império ia, com efeito, se reconstituir, em bases muito diferentes e em proveito da casa de Saxe, essa confiança de um abade das Gálias na função imperial da monarquia franca tem algo de patético.

As partes especialmente consagradas ao Anticristo não oferecem interesse menor, porque tendem também a lutar contra a crença sobre o entardecer do mundo. Não apenas o fim dos tempos não ocorrerá enquanto os reis francos sustentarem o Império, como ele não poderia chegar antes da grande apostasia profetizada por são Paulo. Quanto ao próprio Anticristo, que Adso tende a confundir com a Besta do Apocalipse, ele dá toda sua história, que é, em parte, a contraprova da vida do Cristo. Ele deve nascer na tribo de Dan, na Babilônia, e reconstruir o templo de Jerusalém. Seu reino durará três anos e meio – os 42 meses previstos pelo Apocalipse e cuja instalação cronológica, no milênio ou além dele, foi estudada por santo Agostinho. Embora esses acontecimentos tenham sido avançados num futuro indiscernível, o Anticristo teve, e terá sempre, seguidores. Cada vez que vemos aparecer um monstro de impiedade, não devemos acreditar na vinda do Anticristo. Tal recomendação ajuda a compreender certos textos da segunda metade do século X, em que as desordens do tempo são pintadas para as necessidades de certa causa, e que não devem ser tomados, como se diz, ao pé da letra, apesar de todo seu aspecto apocalíptico. Por exemplo, a famosa apóstrofe de Arnulfo, bispo de Orléans, no concílio de Saint-Basle, tão importante para a história da Igreja das Gálias e para a carreira do futuro Silvestre II:[17] "Parece que o Anticristo nos governa...". Parece, mas não é assim.

---

17 A. Olleris, *Oeuvres de Gerbert*, Paris e Clermont, 1867, p.213. (N. A.)

Assim, ficou claro que no meio do século X houve um movimento e como uma onda de crença no entardecer do mundo, já perceptível, mas de maneira mais vaga, nos séculos VII e VIII. Podemos até fixar essa cronologia. Entre 940 e 950, certas cartas do Sul da França retomam as frases desanimadas do formulário de Marculfo, que de certa forma haviam caído em obsolescência no século precedente, sem dúvida sob a influência da restauração do Império pelos carolíngios. Em 954, a vinda iminente do Anticristo era esperada, já que Adso escreve seu *Libellus* para refutar essa ideia. Em 958, Abão era noviço em Fleury, e é em sua juventude, ou seja, por volta desse ano, que ele ouviu pregar o fim do mundo em Paris, muito próximo. Em 960, Bernardo, eremita dos confins da Turíngia, anuncia que Deus lhe revelou isso. Dez ou quinze anos mais tarde, essa ideia ainda se espalha, e nós a captamos uma vez mais pela *Apologia* de Abão: "Eu me opus com todas as minhas forças a essa opinião [a vinda do Anticristo, uma vez passados os mil anos] pelos Evangelhos, o Apocalipse e o Livro de Daniel: o abade Ricardo, de feliz memória, tendo recebido cartas da Lorena sobre esse assunto, me ordenou de responder a elas.[18] Tudo leva a crer que esse momento se expande como uma maré na medida em que o século progride em direção a seu declínio e que o ano mil é o ponto culminante desses terrores.

## II

É importante notar que não encontramos traço disso nos atos oficiais ou entre os cronistas contemporâneos. Fato que

---

18 Abão, Carta X (Migne, Potrol. Lat. Col 171). (N. A.)

*O ano mil*

é ainda mais estranho porque a crença no fim do mundo, uma vez passado o prazo do milênio, retomou seu vigor ao longo do século XI. Nem no protocolo, nem no discurso dos diplomas de Roberto, o Piedoso, rei da França no ano mil, encontram-se as velhas fórmulas sobre o entardecer do mundo, e Pfister[19] assinala apenas "reflexões banais sobre a necessidade de socorrer as igrejas, as abadias, os servidores de Deus, de ajudar os pobres e os fracos. O rei exprime a esperança de que, em troca de seus benefícios, Deus protegerá seu reino e concederá, mais tarde, a si e aos seus, a vida eterna". Mesmo silêncio em mais de 150 bulas pontificais promulgadas entre 970 e o ano mil. Mesmo silêncio entre os analistas da época, dos quais muitos nem mencionam o ano fatídico, por exemplo Aimoin de Fleury, Odorano de Sens, Ademar de Chabannes. Da mesma maneira, a biografia de Abão e de São Mayeul, escritas em 1000 e 1040. Enfim, Rodolfo Glaber, que acredita aliás que o fim dos tempos e o reino de Satã estão próximos e que pinta o ano mil, como fez para toda a sua época, com as cores mais sombrias, não assinala movimentos análogos aos que constatamos na metade do século, mais exatamente no período 940-970. Além disso, para Dietmar de Merseburgo, o ano mil é o exato contrário de uma data de pavor. Ele o interpreta como o consolador milênio da chegada do Cristo: "O milésimo ano desde que o parto salvador da Virgem sem pecado chegou, vimos brilhar no mundo uma radiosa manhã".[20] Recuso-me a ver nesse texto a pura e simples constatação de um belo dia. Temos o direito de nos perguntar

---

19 C. Pfister, *Études sur le règne de Robert le Pieux (996-1031)*, Paris, 1885, p.XXVII. (N. A.)
20 Dietmar de Merseburgo, *Chronique* (Mon. Germ. Hist., Script III), 790. (N. A.)

se não é preciso ver antes uma reação calculada contra temores difusos, um exemplo a mais da atitude da Igreja em relação ao milenarismo, talvez também a expressão de um otimismo político nesse cronista dos imperadores saxônicos... Poderíamos acreditar que a crença nos últimos dias está morta e a humanidade, tranquilizada. Mas a velha ansiedade conserva todo seu império e, se nada indica que houve terrores no instante crítico, temos informações positivas sobre o temor do fim do mundo tal como ele se manifestou pouco depois. Em atos mencionados por Jules Roy[21] relativos à mesma região que as cartas de 944 e de 948 — uma restituição feita à abadia de Lézat em 1030 e uma renúncia referente à mesma abadia em 1048 —, reencontramos a frase do formulário de Marculfo: *Appropinquante etenim mundo termino et ruinis crescentibus*, talvez repetida, afinal, como uma convenção estereotipada em uma chancelaria longínqua, mas correspondendo, também, é incontestável, a um certo estado das crenças. Em relação a isso, Jerusalém parece ter sido o que poderíamos chamar de eixo de cristalização. Glaber, relatando uma viagem que Oldorico, bispo de Orléans, fez à Terra Santa em 1028, nos diz que o ardor inaudito do povo em Jerusalém era o sinal anunciador, segundo os próprios peregrinos, do infame Anticristo, que os homens esperam, com efeito, perto do fim dos tempos.[22] De acordo com o monge limusino Guilherme Godel,[23] contando os acontecimentos dos anos 1009-1010, muita gente, com a tomada de Jerusalém, estimou que o fim do mundo chegava. Nos últimos anos

---

21 J. Roy, op. cit., p.188. (N. A.)
22 Raoul Glaber, *Histoires*, Livro IV, cap.6 (E. Pognon, *L'an mille*, p.123). (N. A.)
23 Apud J. Roy, op. cit., p.180. (N. A.)

## O ano mil

do século XI, nos tempos em que imperador Henrique IV reinava no Ocidente e o imperador Aleixo reinava em Bizâncio, as calamidades, nos diz o analista saxônico, se multiplicavam por todos os lados, guerra, fome, epidemia, assim como os presságios funestos e, em todas as nações, a trombeta celeste anunciava a chegada do soberano juiz.

Estamos em presença de uma situação paradoxal: no meio do século X, e durante todo o curso do século XI, temos provas categóricas ou traços importantes da crença no fim do mundo; nos anos que precedem imediatamente o ano mil, e durante o ano mil, não temos nenhuma. O momento decisivo teria deixado os homens indiferentes. Devemos crer, com Pfister, que aquilo que eu chamei, com um termo um pouco forte, um pouco dramático, de crise do século X não passou de uma pequena heresia, combatida com sucesso pela Igreja? Devemos crer que a obsessão do fim do mundo ou antes o medo do Juízo Final terminara por se destacar do cálculo agostiniano do milênio, enfim, que se podia, ou que até mesmo se deveria continuar a ler o Apocalipse de João e a temer a terrível conclusão sem aderir às doutrinas milenaristas? Não penso que os medos do século X possam ser interpretados como uma heresia propriamente dita. A Igreja pôde tratá-las assim, mas elas correspondem a um estado de espírito, mais ou menos constante em certos meios da Idade Média, enquanto, na mesma época, outros meios pensavam, sentiam e agiam de outra maneira. A história comporta elementos racionais e irracionais. Aos primeiros pertencem os fenômenos de estrutura, as grandes combinações políticas e econômicas, certos movimentos bem definidos do pensamento. Os segundos nos fazem penetrar religiões da vida humana muito menos definidas, muito menos fáceis de ser analisadas, porque os valores afetivos vivem no eterno crepúsculo dos instintos. Parece que dois tipos de humanidade trabalham ao mesmo tempo, nos mesmos lugares, segundo os caminhos mais diferentes. Os últimos anos do século X, o ano mil incluído, e os primeiros anos do século XI nos mostram os mais vigorosos construtores do Ocidente operando, cabeças sólidas e claras, cheias de pensamentos ao mesmo tempo vastos e definidos, mesmo quando são imbuídas de certos sonhos impossíveis, grandes príncipes, grandes prelados, gerais de ordens, mulheres de ação, observadores históricos excelentes que enxergam e falam com nitidez, como Richer, aluno de Gerberto, em suma, toda uma superestrutura humana bem arquitetada. Sobre isso se estendem zonas de sombra, forças e fraquezas imensas, ondas de fé, de coragem, de desalento, de medo. O ano mil, como veremos, oferece um quadro energicamente contrastado. Se nenhum texto nos permite afirmar que, em seu berço obscuro, ele foi agitado pelo medo do fim do mundo, o medo – um medo mal definido e que se fixa em tudo – não deixou de dominá-lo. Este ultrapassa sua estrita cronologia, é-lhe anterior e não se extingue com ela. Decerto, ele não abateu o homem do Ocidente, este continua a trabalhar duro, sob um céu cheio de presságios. Mas a "manhã gloriosa" de Dietmar de Merseburgo decerto não é mais verdadeira que a noite aterrorizada dos historiadores românticos.

Tomemos Glaber, que permanece como a melhor fonte sobre essa época estranha e cujo interesse está longe de ter sido esgotado. Ele vale também como documento pessoal e, para empregar uma expressão envelhecida, como documento humano. Não há dúvida de que sua informação foi considerável. Ele era informado por Cluny, que sabia tudo. Mas sem nenhum princípio de ordem, nenhum senso crítico, e, o que é mais grave aos olhos dos historiadores modernos, com dons de artista, de artista visionário, espécie de rude gênio apocalíptico que pinta não apenas os fatos e os homens, mas o halo de prodígios que os envolve. Às vezes, em sua latinidade tosca, tão diferente do belo estilo ciceroniano dos gerbertianos, encontra-se uma expressão muito feliz, que impõe sua imagem e recompensa o leitor. É curioso de ver Pfister, de nitidez admirável em seus estudos sobre o reino de Roberto, o Piedoso, onde tudo está disposto sob justa luz, salvo talvez a humanidade daqueles tempos, debater-se com a imprecisão natural de nosso autor e permitir que desponte, em sua língua impessoal e severa, a ponta de sua irritação.[24] Gebhart se põe num outro terreno, que ele conhece bem, do qual tem o gosto e o sentido, quando, através do monge do ano mil, tenta compreender o homem do ano mil, sem negligenciar absolutamente os outros aspectos, os outros exemplares deste último, mas, no meu ver, atribuindo-lhes alcance insuficiente.

    A biografia de Glaber foi elucidada, sobretudo nos começos de sua carreira monástica, que começa cedo, já que aos doze anos já vestia o hábito, pelo erudito borgonhês Ernest Petit.[25] Aliás, é nas diversas regiões da Borgonha que se passou a vida de Glaber, primeiro em Saint-Germain d'Auxerre, sob o abade Heldric, entre 997 e 1004 ou 1005, com uma breve estada em Saint Léger de Champeaux. Tendo deixado Auxerre, ele reside cinco ou seis anos em Moûtiers-Saint-Jean. De 1015 a 1030, é monge em Saint-Benigne, de Dijon, sob o abade Guilherme, mas com passagens por outras abadias, em Bèze e em Suze. De 1030 a 1035, nós o encontramos em Cluny, sob são Odilo. Enfim, ele retorna à

---

24 Cf. C. Pfister, op. cit., p.110-4. (N. A.)
25 E. Petit, *Raoul Glaber, Revue Historique*, 1892. (N. A.)

abadia de seus jovens anos, em Saint-Germain d'Auxerre, que ele abandona pouco tempo depois por Moûtiers-em-Puisaye, onde termina seus dias. Ao longo de suas viagens de abadia em abadia, ele conheceu pelo menos duas grandes figuras, Guilherme de Volpiano, abade de Saint-Bénigne, e santo Odilo, abade de Cluny. Sua vida se passou em uma região na qual se desenrolavam então acontecimentos consideráveis, como a conquista da Borgonha por Roberto, o Piedoso. Enfim, se ele foi o hóspede de várias casas célebres, teve igualmente o privilégio de circular pelos grandes caminhos e de conhecer o mundo. Absolutamente não é homem de uma cela, que trabalha no silêncio de uma vida solitária, foi daqui para lá, encontrou os vivos da terra, conheceu o ano mil não pelos textos: ele o viveu, respirou seu ar. Aliás, tinha ultrapassado as fronteiras de sua província: em 1028, o abade Guilherme o levara para a Itália. Há algo do nômade nessa existência.

Na realidade, sua turbulência o fez ser expulso de alguns mosteiros. Parece que, na juventude, ele foi possuído por esse demônio das brincadeiras boas e ruins e por esse instinto de rixas do qual seus compatriotas nem sempre estão livres. Ele confessa seus defeitos com uma ingenuidade que os torna simpáticos. Não se trata de um místico, devorado pelos ardores do claustro, mas de um bom rapaz que um tio havia posto no convento mal ele saíra da infância. Em outros tempos, Rodolfo Glaber teria se tornado um desses padres do campo, tão tipicamente franceses, cordiais, frequentemente *bon-vivants*, excelentes sacerdotes e letrados à moda antiga. Letrado, ele era sem dúvida, e quando o punham porta afora de algum convento, ele se resignava com filosofia, bem convencido de que seus conhecimentos lhe abririam sempre as portas de alguma outra abadia. Recebia encomendas de trabalhos, modestos, aliás, como a reparação dos epitáfios gastos pelo tempo em Saint-Germain d'Auxerre. Um irregular?[26] Sim, mas esse borguinhão um pouco leviano está longe dos monges bandidos de Farfa, que, depois de uma primeira revolta em 936, terminaram por envenenar o abade Dagoberto e fizeram durar a bacanal na abadia até o reino de Otão III. Também está distante desses monges errantes do século XI que iam celebrando, num latim cheio de elegância, a missa do deus Baco. A latinidade de Glaber, que redige aqui alguns pequenos textos funerários e ali alguns capítulos de sua crônica, em nada se parece com esse paganismo diabólico – primeiro sobressalto da Renascença entre esses cleros obscuros. Para ser decididamente um mau monge, um *rerum novarum studiosus*,[27] ele tem medo demais.

Medo do fim do mundo próximo. O ano mil não é para ele uma data indiferente: "Satã logo vai ser solto, os mil anos se completaram". Desde sempre o diabo roda em torno do homem, porém mais do que nunca no curso desses anos perturbados. Glaber o viu, mais de uma vez, uma delas na cabeceira de sua cama. É um pequeno monstro negro com forma humana. É preciso que os doentes tomem cuidado com suas astúcias e tenham cuidadosa desconfiança dele. O príncipe das metamorfoses tem o dom da ubiquidade e da multiplicidade. Ele assombra principalmente as árvores e as fontes. Como não encontrar nessa advertência um eco aterrorizado das velhas crenças célticas,

---

26 No sentido de sacerdotes que, depois de recebidas as ordens eclesiásticas, se tornam incapazes de exercer suas funções por terem incorrido em censura. (N. T.)

27 Estudioso de coisas novas. Eufemismo usado para designar aquele que estuda e promove coisas novas, com conotação negativa, subversiva. Intelectual independente e livre. Em latim no original. (N. T.)

relativas não apenas às árvores e às fontes, mas também às pedras, aos monumentos megalíticos, contra os quais se ergueram tantos concílios da Idade Média, bem como um édito de Carlos Magno, do fim do século VIII? Em suas camadas humanas mais profundas, o ano mil conservava, portanto, se posso me exprimir assim, jazidas de pré-história, interpretadas pelo clero segundo as vias de uma espécie de maniqueísmo mal definido, mas presente.

Medo de Satã, "que vai aparecer logo, os mil anos se completaram", mas também medo do Deus terrível, seu velho adversário, que multiplica os presságios e os sinais de maldição. Eis que sobe aos céus um assustador meteoro: "Ele apareceu no mês de setembro, no começo da noite, e permaneceu visível por quase três meses. Brilhava com tal intensidade que parecia preencher com sua luz a maior parte do céu, depois desapareceu com o canto do galo. Mas decidir se isso é uma estrela nova que Deus lança no espaço, ou se ele amplia apenas o brilho ordinário de um outro astro, é o que cabe só àquele que sabe tudo preparar nos secretos mistérios de sua sabedoria. O que parece o mais provado é que esse fenômeno nunca se manifesta aos homens, no universo, sem anunciar seguramente algum acontecimento misterioso e terrível. Com efeito, logo um incêndio consumiu a igreja de São Miguel Arcanjo, construída sobre um promontório no oceano, que sempre foi o objeto de uma veneração especial no mundo inteiro".[28] Sem dúvida, foi por ocasião desse cometa ou de um prodígio do mesmo tipo que os *Milagres de*

---

28 Raoul Glaber, *Histoires*, livro III, cap. 3 (E. Pognon, op. cit., p.87-8). F. J. Roy, op. cit., p.204-5. (N. A.)

*Santo Agilo*[29] nos pintam exércitos de fogo combatendo no céu. Para conjurar esse presságio, a abadessa de Jouarre, Ermengarda, e o abade de Rebais, Renardo, organizaram uma procissão. Essas monjas, esses religiosos desfilando em oração sob a direção de seus chefes espirituais, sob o incêndio celeste, que pintura de uma humanidade angustiada! Não devemos concluir que sejam autênticos os terrores milenaristas, porque o texto não menciona o fim do mundo. Devemos acrescentá-los, em todo caso, a esses arquivos do medo, tão ricos nessa época que estudamos. Mas é um raciocínio fraco e mesmo falso dizer, a propósito do cometa do ano mil, que não é o único exemplo de prodígio celeste ao longo desse período, e invocar a carta do rei Roberto a seu meio-irmão Goslino, abade de Saint-Benoît-sur--Loire, sobre um outro meteoro que apareceu em 1022.[30] Além do fato de que a humanidade nunca perde o hábito de tremer diante dos fenômenos extraordinários, mesmo quando eles se repetem, os acontecimentos futuros não tocavam os homens do ano mil, pois evidentemente eles não sabiam o que deveria ocorrer vinte anos mais tarde. É a assustadora evidência do que eles têm diante dos olhos que os abala profundamente. Aliás, a propósito do acontecimento de 1022, captamos nitidamente a diferença das mentalidades segundo os meios. A multidão tem medo. Ela ora. O abade Goslino relê o *Livro dos prodígios* de Valério Rufo e *A história eclesiástica* de Eusébio: sua explicação nos parece perfeitamente cândida, como é evidente, mas é, apesar de tudo, uma tentativa de interpretação.

---

29 *Miracles de Saint Aisle*, redigidos no final do século XI. (N. A.)
30 *Recueil des historiens des Gaules et de la France*, t.X. (N. A.)

A essa psicologia do medo, impressionante nos contemporâneos de Glaber — e no próprio Glaber, em que ela é ainda mais notável, já que se trata não de um iluminado, mas de um sólido e teimoso borguinhão —, não acrescentaremos o quadro das calamidades que afligem o final do século X, as epidemias, como o fogo de santo Antônio, que assola com um furor mortal em 997, a heresia de Lieutard, que se vincula talvez, como caso esporádico, à doutrina dos Cátaros, enfim, as grandes fomes que, para dizer a verdade, haviam assumido um caráter quase endêmico naqueles dias sombrios. Mas a maneira com que Glaber data a mais terrível de todas leva à reflexão. Ele nos diz: "Acreditava-se que a ordem das estações e as leis dos elementos, que até então haviam governado o mundo, haviam recaído no caos eterno, e temia-se o fim do gênero humano". É a grande fome de 1033.[31] Glaber nos informa que ela ocorreu no *ano mil depois da Paixão*. Traço incontestável, na minha opinião, do que eu chamaria de milenarismo atrasado. O mundo não findou no ano mil da Encarnação. Mas há um ano mil da Paixão, "e temia-se o fim do gênero humano...". Assim o medo oscila de uma data para a outra, segundo os diversos cálculos do milênio. Aqui nós a surpreendemos, depois de um texto incontestável. É verdade que ter medo de ver todos os homens morrerem de fome não é exatamente temer o fim do mundo, mas não está muito longe disso, sobretudo se pensamos na forma da datação. E eu acrescento que temos outros traços do milenarismo pessoal de Glaber, o que me parece fora de questão. O ano mil serve a ele, de algum modo, de pivô ou de marco para situar os fatos no

---

31 Raoul Glaber, *Histoires*, livre IV, cap.4 (E. Pognon, op. cit., p.116-20). (N. A.)

tempo. É indo para "o terceiro ano depois do ano mil" que a terra se cobre do branco manto de igrejas. Aliás, nunca o homem foi pior e mais perverso, jamais o vício se desencadeou com tal furor apocalíptico. Nem tudo está dito.[32]

Mais uma vez, retomemos todos os elementos da questão. Em 954, Adso dirige à rainha Gerberga um tratado destinado a combater a crença na próxima aparição do Anticristo, prelúdio do fim do mundo. Em 960, o eremita Bernardo anuncia o fim do mundo, do qual ele teve a revelação. Em 970, espalha-se na Lorena o rumor de que o fim do mundo está próximo. Em 1009, em Jerusalém, acredita-se no fim do mundo. Em 1033, na Gália, acredita-se que a humanidade vá perecer. No ano mil, um prodígio celeste, interpretado como um signo da cólera de Deus, pressagia calamidades terríveis. O cronista do ano mil, Glaber, vive no terror, o reino de Satã não está longe. O ano mil não é, para ele, o ano 999 mais um. Tem um sentido misterioso, ou antes, a cifra de mil, o milênio, quer tenha começado na Encarnação de Cristo, quer na Paixão. Entretanto, nenhum texto menciona terrores coletivos nessa data, vagas de pavor. Exatamente no momento crítico, exatamente no vencimento do termo fatal, os homens que antes temiam o fim dos tempos e que, em seguida, deviam manifestar o mesmo terror sentiram-se tranquilizados e cheios de confiança. Há nisso alguma coisa de estranho.

Deve-se crer que os anos que precedem imediatamente o ano mil foram feitos para dissipar toda ansiedade? Não se trata de nosso sentimento, de nossa interpretação de historiadores objetivos, mas do estado de espírito de nossos contemporâneos.

---

32 Dom François Plaine, *Les prétendues terreurs de l'an mil, Revue des questions historiques*, 1878. (N. A.)

Retomemos o discurso de Arnulfo, bispo de Orléans, no concílio de Saint-Basle. Tenho o direito de fazer isso, depois de ter mostrado que a alusão terminal ao Anticristo não tinha um valor positivo, que era um "movimento", um "efeito" natural numa diatribe dirigida contra o papado. Mas o escorço das infelicidades da cristandade conserva todo seu valor: "Ó tempo de misérias! Em que cidade iremos buscar um apoio, agora que Roma, depois da queda do Império, perdeu a Igreja de Alexandria, perdeu a de Antióquia, e testemunhamos que hoje a Europa quer se separar dela, para não falarmos da África e da Ásia. A Igreja de Constantinopla se subtraiu à sua jurisdição, a Espanha interior não reconhece seus julgamentos, *todos nós assistimos à revolta de que fala o Apóstolo*, revolta não apenas dos povos, mas das Igrejas. Os agentes do papa que vêm para a Gália nos oprimem com todas as suas forças. Parece que o Anticristo nos governa".[33] Não é preciso repetir aqui minhas reservas sobre o sentido puramente alegórico e sobre a intenção política da última frase. Nem insisto sobre esta: "assistimos à revolta de que fala o Apóstolo". Mas é claro que o estado da cristandade, e particularmente o estado da Igreja, era deplorável no final do século X, e que os espíritos mais esclarecidos tinham tristemente consciência disso: Arnolfo nem sequer hesita em fazer alusão aos tempos anunciados pelo Apocalipse. Quanto à França, ela estava acometida pelas piores infelicidades. Não é talvez historicamente exato, mas, moralmente, é um fato. Na França, Glaber nos informa que flagelos assustadores, anunciados por sinais seguros nos elementos, atingiram a Igreja e Cristo. Esses "sinais seguros" se multiplicam no ano

---

33 O texto de Arnulfo está na narrativa que Gerberto fez do Concílio; A. Oleris, op. cit., p.213. (N. A.)

mil: ao cometa, do qual fala Rodolfo Glaber, é preciso acrescentar, de acordo com Sigeberto de Gembloux e a crônica de Saint-Médard de Soissons, a aparição de um dragão celeste e um terremoto. Tudo coincide, tudo converge para o terror, no estado da cristandade, no estado da França, na multiplicidade dos presságios funestos. O ano mil não foi, portanto, uma trégua entre duas crises.

Precisamos, portanto, buscar em outro lugar a explicação para essa aparente paz das almas e para o silêncio – relativo – dos textos contemporâneos. Nós só poderíamos encontrá-la na prudente política da Igreja, que já tinha se manifestado no *Libellus* de Adso, e na missão que o abade Richard havia confiado a Abão. Havia ali, além de muita humanidade, uma insigne prudência canônica, pois a Igreja não gostaria de ver desmentido pelos fatos um texto revelado. Para os espíritos superiores e mesmo para os espíritos simplesmente esclarecidos, o valor do Apocalipse permanecia fora de qualquer contestação possível, mas era, de algum modo, um valor intemporal, uma espécie de calendário perpétuo dessas grandes ansiedades da alma, desse medo do Juízo sem o qual a fé cristã perde uma poesia formidável e também uma ameaça cheia de eficácia. Essa doutrina do adiamento *sine die*, iniciada no segundo terço do século X, teria então dado seus frutos.

Não deixam de existir, porém, traços singulares na condição das almas, e a heresia de Lieutard, à qual fizemos alusão, é uma entre muitas outras. Essa espécie de desespero religioso acompanhado de uma recusa de pagar o dízimo, esse crucifixo calcado sob os pés, são o traço de um homem extenuado pelos sofrimentos e que nada mais espera do destino. Quem sabe, também, algum vago sentimento milenarista agitasse os começos desse purismo evangélico, a doutrina dos Cátaros? A obsessão do "entardecer do mundo", "da grande noite" preocupa todos os reformadores religiosos – até esses poderosos organizadores de uma civilização nos desertos do Oeste, nos Estados Unidos, os "Santos dos Últimos Dias".

Para tentar definir e classificar com nitidez esses dados fugidios, talvez seja conveniente lembrar, como sugeríamos em nossa introdução, que uma época, que uma sociedade não é constituída de uma só peça, que ela comporta vários andares de humanidade ou, se se quiser, uma espécie de geologia moral. No nível mais antigo, encontramos o homem da pré-história, sempre presente e escondido, revelado às vezes com brusquidão pelas convulsões do tempo – o açougueiro de carne humana que, à noite, desenterra os cadáveres dos cemitérios para os vender no balcão de talho. E, nas regiões mais tranquilas, mais misteriosas, mas pertencendo também aos recantos longínquos do passado, os fiéis dos velhos cultos seculares que nunca morrem e que conservam quase até nossos dias as tradições folclóricas, a religião das árvores, das nascentes e das pedras. Mais acima, vemos as zonas médias da cristandade, ricas de valores afetivos e em poderosos instintos de massas, os fiéis apavorados pelos prodígios, abalados pelos sermões, arrastados pela vaga das crenças coletivas, essas multidões a quem comove profundamente a revelação das coisas secretas que estão nas Escrituras e que a conjunção dos números surpreenderá sempre. A concepção que têm da natureza é ainda uma concepção animista e dramática, mais próxima da velha Bíblia judaica que dos Evangelhos. Misturados a essas multidões, descrentes esporádicos, mas furiosos, e sem dúvida mais numerosos do que se pensa, até nas classes elevadas, como esse Aimoin, conde de Sens, que era chamado de rei dos judeus, porque os amava, enquanto multiplicava, em relação aos padres e mesmo aos prelados, os mais grosseiros ultrajes. Enfim, há as forças orgânicas, aquelas que sustentam e constroem: elas são tocadas apenas de modo muito fraco pelos erros das massas; apresentam, desde essa época, não apenas o que chamamos de espíritos esclarecidos, mas algumas inteligências elevadas e luminosas. Elas possuem o justo sentido do valor absoluto, quer dizer, metafísico, de certos artigos da fé, mas também de seu caráter relativo na condução dos negócios humanos. Talvez a história seja apenas uma série de trocas e de acomodações entre essas diversas estratificações, com fenômenos de ruptura, que põem a nu os segredos das profundidades. É assim que eu interpreto o ano mil. Não podemos absolutamente afirmar que ele foi agitado pelos terrores coletivos que constatamos trinta anos mais cedo e que encontramos mais adiante, mas ficamos surpresos com isso. Em todo caso, o esforço feito para organizar o Ocidente nessa época se desenvolveu, é seguro, em regiões humanas muito diversas daquelas em que essa psicologia atormentada teria podido atuar.

# *II*
# *Construção do Ocidente*

O Ocidente, tal como eu o defini, quer dizer, os povos que têm fachada para o Atlântico, entre os quais a Espanha e a França têm também uma fachada para o Mediterrâneo, apresenta, no final do século X e no início do XI, um certo número de aspectos dos quais alguns pertencem ao mundo carolíngio e outros anunciam e preparam o mundo românico. Todo o período histórico, e mesmo cada momento da história, é feito de um encontro entre o passado e o futuro, e essa talvez seja a medida da dosagem que define aquilo que chamamos de presente. O "presente" do ano mil nos mostra ao mesmo tempo formas muito antigas e formas destinadas a um vasto desenvolvimento no futuro, fenômenos de estrutura que renovam a vida histórica e fenômenos de dissolução que fazem o passado desaparecer. Mas, ao empregar esses termos – fenômeno de estrutura, construção do Ocidente –, não subentendo uma vontade sistemática, um plano de conjunto. É por uma espécie de acordo muito sutil, muito nuançado com os acontecimentos, que o homem tem chance de agir sobre eles e modificar seu curso. As obras do puro espírito, enraizadas na matéria movente do tempo, raramente são duráveis, porque levam a vida muito pouco em conta. O ano mil nos mostra um exemplo muito notável disso, com a tentativa de monarquia universal atribuída a Otão III e a Gerberto. Para os destinos do mundo, e particularmente para os destinos do mundo românico, o recuo do Islã e o declínio do califado de Córdova no final do século X foram fatos essenciais. A cristandade, sitiada pelos infiéis, invadida pelos bárbaros, começa a recuperar-se, da mesma maneira que o Oriente, quando os príncipes Bagrátodas procedem à conquista da Armênia, assim como nas províncias da Europa central, onde os húngaros que em pleno século X vinham incendiar os mosteiros da Gália voltaram-se contra o povo da estepe pela fundação da monarquia apostólica do ano mil e tornam-se defensores da Europa cristã. O recuo, a reviravolta e a estabilização dos Bárbaros – começada por Carlos, o Simples, com a cessão dos condados marítimos do Baixo Sena a um chefe de piratas normandos – inauguram a Idade Média propriamente dita, assim como as invasões germânicas inauguram a alta Idade Média. Não poderíamos insistir demais sobre esses fenômenos exatamente opostos. Sem dúvida, no Norte, os povos do mar estão no momento pleno da grande expansão viking, mas acabaram de entrar, ou estão entrando, na comunidade cristã pela via da conversão. Os filhos mais jovens da Normandia, ladrões de cavalos, irão formar um reino no Sul da Itália e na Sicília, o duque Guilherme será o conquistador da Inglaterra depois do viking Canuto, e até a metade do século XIV os piratas de Gotland irão pilhar as cidades da Hansa. Mas as grandes fundações dos normandos, estabelecidas nas mesmas bases que o Ocidente e das quais a mais importante, e que dura até hoje, teve como resultado a eliminação ou a submissão dos germanos continentais instalados na Inglaterra, não possuem mais um caráter de incursão ou de pilhagem; elas tendem para a possessão, para a estabilidade, para a constituição de uma ordem. Enfim, é igualmente em uma organização estável que desembocam, no fim do século X, nos escombros do Império carolíngio, duas novas potências: o Sacro Império Romano-Germânico, que subsistirá até 1804, e a monarquia Capetíngia, que só terminará com a Revolução Francesa.

Temos, portanto, o direito de dizer que a região cronológica do ano mil e o próprio ano mil são um grande momento da história da humanidade. Antes de estudar seus principais episódios, é indispensável examinar rapidamente as condições da vida e os dados gerais, sobre os quais se instala a atividade histórica.

# I

A paisagem histórica do ano mil é ainda uma paisagem de florestas; assim como no século X, a grande floresta europeia recobre uma parte considerável da Europa, os dois terços da Gália e da Inglaterra, a Irlanda, os Países Baixos, o centro da Alemanha. É menos certo que a mesma coisa valha para o nordeste da Espanha, se for verdade, como acredita Puig i Cadafalch, que a precocidade da construção das abóbodas de pedra na Catalunha se explica, pelo menos em parte, pela abundância desses materiais e pela raridade da madeira, enquanto a "zona das estruturas de madeira", imensa no século X, apresenta numerosas igrejas cobertas de madeira pela razão precisamente inversa. Pode-se discutir esse ponto de vista, mas sem afastá-lo inteiramente. É certo que a Itália do Norte, de onde partiam, para trabalhar em terras distantes, equipes de pedreiros célebres por sua habilidade, nos oferece o mesmo fenômeno, e sabemos, por outro lado, que ela era também um país de florestas. O mesmo ocorre na Escandinávia, sobretudo a Noruega, em que a construção de igrejas inteiramente de madeira sobrevive à penetração românica – como nas regiões do Leste e do Sudeste europeus, por exemplo na Polônia, na Galícia e na parte central da Transilvânia, o maciço do Bihor, em que a madeira constitui o material das igrejas camponesas, em plena era barroca.

O período da dissolução do Império de Carlos Magno lembra, nesse aspecto, os tempos merovíngios. Nessa Europa das florestas, houve talvez uma "civilização da madeira" análoga àquela da qual encontramos não apenas traços, mas exemplos ainda vivos nas regiões recuadas dos Cárpatos. Sabemos que Strzygowski, retomando certas ideias de Courajod, quis ver naquilo que eu chamo a "civilização da madeira" a própria origem das grandes culturas medievais. É um erro, pois é precisamente por um retorno à pedra, aos materiais duráveis, que começa a se definir, na segunda metade do século X, como logo veremos, uma nova expressão da vida, uma nova arte de pensar a forma, o homem e o mundo. Ela se acompanha, um pouco mais tarde, pela luta contra a floresta que, com o desmatamento e a drenagem, foi uma das grandes tarefas do século XI. É a conquista da terra para o trigo, tão intensa no século XII.

O estatuto da propriedade da terra ainda é definido, na maioria dos casos, pelo grande domínio carolíngio. Esse recuo dos domínios é um dos traços fundamentais do final da alta Idade Média. Tem como consequência o desaparecimento, não total, mas quase completo, da economia de troca. Vive-se com os próprios recursos, e são as indústrias do próprio domínio que preenchem as necessidades de uma técnica elementar e de uma vida sem requinte. Quando lemos nos textos carolíngios a descrição das grandes comunidades monásticas, confirmada por um documento como o projeto de planta para Saint-Gall, com os ateliês e as oficinas onde labutam os operários-monges, temos exemplos marcantes de um gênero de vida que se tinha prolongado ao menos até o ano mil e que não era exclusivo dos mosteiros. Mas é notável que a pequena propriedade tenha se mantido nas bordas do Atlântico e do Mediterrâneo, na antiga Nêustria, na Aquitânia, na Provença, sem que se possa alegar, para explicar tal fato, a razão tomada na história das civilizações anteriores. Quando muito, pode-se notar, no que concerne à Gália, que é no centro, no Norte e no Nordeste, que a frequência dos grandes domínios do regime senhorial é mais forte, enquanto à beira-mar a propriedade permanece dividida. Mas esse fato não muda em nada a condição do camponês. Quase não há camponeses[1] livres. Os direitos senhoriais que pesam sobre o homem da terra são esmagadores. No meio do século X, na França, parecia estar-se no amanhã de uma conquista: pois se trata exatamente de uma conquista, a do solo, dos bens, do próprio homem, pelos antigos altos funcionários imperiais, que se tornaram possuidores hereditários do ofício e do benefício, sem o freio de um poder regulador. Tal é o caos da Idade Média germânica, na dissolução do Império, com as assustadoras consequências de uma ganância que, para se satisfazer com lucros imediatos, esgota a fonte de seus bens, por exemplo, a multiplicação dos pedágios e outros impostos sobre transporte

---

1 *Tenancier*, no original: pessoa que cuidava de uma terra dependente de um feudo, com o qual tinha obrigações e pagava impostos. (N. T.)

e exposição de mercadorias, que esvazia o comércio nas estradas, nas pontes e nos portos. Richer e Flodoardo nos informam, por outro lado, sobre as devastações nos campos ao longo das invasões e das guerras, e Raul Glaber, sobre as fomes: 48 anos de penúria entre 970 e 1040: as mais terríveis, a do ano mil e a de 1033, foram para o gênero humano, segundo o cronista, uma ameaça de morte. Sobre os homens esgotados se abate a epidemia como um fogo celeste – *ignis sacer*.[2] Ficamos espantados ao notar que, nessas condições, os movimentos sociais não tenham sido mais numerosos e mais violentos. Falei do herético Lieutard, que recusava pagar o dízimo e calcava o crucifixo sob os pés. Mas não parece que qualquer sentimento religioso tenha se misturado, um ano antes (997), na revolta dos camponeses da Normandia.

Aí está um aspecto do quadro. Ele não é ensombrecido pela imaginação de um milenarista delirante ou de um historiador romântico. Richer, por exemplo, testemunha dos últimos anos do século X na Gália, tem uma cabeça sólida, não é nenhum camponês deslumbrado e aberto a qualquer credulidade. Homem de boa família, filho de um conselheiro de Luís IV e, sobretudo, aluno de Gerberto, ele é nossa melhor fonte para a história da revolução de 987 que, na pessoa de Hugo Capeto, substituiu os robertinos pelos carolíngios. Não cabe pôr em dúvida o que ele nos diz, não de toda a condição humana, mas do estado do campo até em 998, data na qual cessa sua *História*.[3] Em outro

---

2 Fogo sagrado, ou Fogo de Santo Antônio, ergotismo. Em latim no original. (N. T.)
3 Em latim no original. (N. T.)

tom, com menos cor, ele confirma, numa larga medida, o que nos ensina Glaber sobre o mesmo assunto.[4]

Mas é certo, por outro lado, que não houve nem continuidade nem universalidade na miséria do mundo dessa época. Pfister combate a ideia de que a França, sob Roberto, o Piedoso, fosse esmagada pelas calamidades, e critica severamente a ausência de método de Glaber, sua credulidade, a acolhida que ele faz a todos os rumores sem controlá-los.[5] Ele o critica sobretudo de ter repartido mal suas descrições das grandes fomes, a de 1002-1003 e, algumas páginas adiante, a de 1033. Em tudo isso, segundo o sábio historiador, falta precisão. Os fatos continuam sendo o que são. E é preciso também levar em conta, decerto, o número e a relativa prosperidade das cidades. Glaber, suspeito no que se refere às condições do campo, volta a ser uma fonte digna de fé quando faz o elogio de certas cidades; "Orléans é célebre por sua beleza, pela afluência dos habitantes, pela fertilidade de seu solo, pela beleza de seu rio, que torna as irrigações fáceis". A meu ver, esses diversos textos não são contraditórios. Pode-se, infelizmente, passar fome numa cidade bem construída, bem situada, rica e populosa, no meio de terras férteis. É verdade que Bernardo de Hersfeld faz o elogio da prosperidade da França nessa época: "Entre todas as terras, a Gália é a mais fértil pela abundância de seus recursos; ela é, além disso, ávida pelas artes liberais e observa exatamente a

---

4 Richer, *Historiarum libri IV*, publ. Pertz in *Monumenta Germaniae*, 1833 (ed. e trad. R. Latouche, *Collection des Classiques de l'Histoire de France au moyen âge*, t.I, Paris, 1930). (N. A.)

5 G. Pfister, *Études sur le régne de Roberto le Pieux*, Paris, 1885, p.110 e ss. (N. A.)

disciplina monástica".[6] É pouco, mas é suficiente para nos permitir compreender que nesse país, duramente acometido por incontestáveis flagelos, havia recursos mais abundantes do que em outros lugares, e que lhe permitiram resistir.

É certo, por outro lado, que desde essa época – o reinado de Roberto – o caráter urbano na monarquia capetiana tende a se consolidar. Que seus príncipes tenham sido senhores de terra, caçadores e guerreiros, continuando assim uma tradição secular, é pouco discutível, mas eles se apoiam também sobre as boas cidades. Estas não eram novidade. É esse, sem dúvida, o traço que opõe com mais força a maior parte do Ocidente, sobretudo a Gália, e a Europa central, exceto no Reno, cujas margens estavam plantadas por colônias romanas. Na Germânia, Carlos Magno e seus sucessores imediatos tinham tudo a fazer. Na Gália, apesar do empobrecimento e da vetustez das cidades sob os merovíngios e os carolíngios, elas permaneciam de pé sobre suas antigas fundações, sendo extremamente numerosas não apenas no domínio propriamente dito, mas nos grandes Estados feudais: no Sul e no Sudoeste, Arles, Marselha, Toulouse, Bordeaux, Saintes, Poitiers; no Norte, Boulogne, Noyon, Soissons, Laon, a acrópole dos últimos carolíngios, Reims; na região média, as grandes cidades normandas e as cidades do Sena; na Borgonha, Langres, sobre sua montanha, cidade desde os tempos mais recuados, Auxerre, Dijon, ainda enfiada nos limites do *castrum*, Autun, a Romana, e, em todos os lugares, muitos outros centros entre os quais deve se restabelecer a rede da atividade francesa. O papel delas é triplo: são praças fortes, pontos de

---

6 Apud Mabillon, *Acta Santorum Ordinis Sancti Benedicti, saec. IV*, v.II, p.364. (N. A.)

apoio militares, lugares de refúgio; são também metrópoles religiosas, quando sediam um bispado ou, como Dijon, uma grande abadia; enfim, são grandes mercados. Sem dúvida, numa época em que a economia de troca ainda é tão fraca, o círculo de transações urbanas permanece restrito. A atividade ali era certamente análoga à de nossas cidadezinhas e à de nossos povoados de hoje, mercados agrícolas de regiões mínimas, tão característicos de um aspecto da vida francesa. Mas, mesmo se o regime dos grandes domínios pesou por muito tempo sobre o desenvolvimento delas, continuavam, ainda que pouco povoadas, meios de densidade humana, ajuntamentos de homens. Este é um dado essencial para a civilização: em todos os lugares em que os homens ficaram dispersos, separados de seus semelhantes pela solidão, ou formando apenas pequenos grupos, muito fracamente irrigado por novas contribuições, a civilização entrou em regressão.

É uma pena que não tenhamos ainda sobre as cidades do ano mil algo análogo aos belos estudos de Lot sobre as cidades merovíngias e aos de Pirenne sobre as cidades a partir do século XI. Corremos o risco de exagerar ou de atenuar a importância dos textos, segundo os movimentos de nosso pensamento. Mas a arqueologia nos ajuda, mostrando-nos o número e o interesse das fundações de nossos reis nas cidades. Há algo de impressionante mesmo no resumo mais seco daquelas que devemos a Roberto, o Piedoso, e das quais citamos apenas alguns exemplos: *regia urbs, regum Francorum principales sedes regia*,[7] ele fez construir Saint-Aignan, duas igrejas dedicadas a Nossa Senhora e,

---

7 A cidade real, a principal sede real dos reis dos francos. Em latim no original. (N. T.)

não longe delas, a grande prisão de Estado em que foi aprisionado Carlos, duque de Baixa Lorena; em Paris, cujo condado foi a primeira base da fortuna histórica dos robertinos, um palácio considerável, *palatium insigne*,[8] com uma capela dedicada a São Nicolau, e as duas igrejas de Saint-Germain-des-Prés e de Saint-Germain-l'Auxerrois; em Étampes, um outro palácio, e a abadia Notre-Dame; em Melun, a abadia Notre-Dame e uma outra igreja; em Senlis, os mosteiros de São Pedro e de Saint-Rieul; em Autun, São Cassiano.[9] Poderíamos ainda aumentar a lista, mas estes exemplos são suficientes para provar não apenas que as cidades tinham relevo, mas que elas eram escolhidas para fundações civis e religiosas muito importantes, que supunham um povoamento e uma atividade.[10]

É verdade que essas próprias fundações, espalhadas por todo um reinado, não iluminam a questão sobre saber se o ano mil e suas proximidades cronológicas imediatas constituem uma dessas encruzilhadas, uma dessas saliências às quais fizemos alusão. Teremos que voltar a isso quando estudarmos a história da arquitetura nesse momento preciso de seu desenvolvimento.

No plano do "renascimento" das cidades e do despertar econômico, tomemos Pirenne como guia, pois, sobre esse ponto, não poderíamos ter um melhor:

> A famosa lenda dos terrores do ano mil não é desprovida de significação simbólica. É falso, sem dúvida, que os homens tenham esperado o

---

8  Palácio insigne. Em latim no original. (N. T.)
9  Sobre as fundações de Roberto, o Piedoso: Helgaud, *Vie du Roi Robert*. *Recueil des Historiens des Gaules et de la France*, v.X, col. 115 (E. Pognon, op. cit., p.364). (N. A.)
10 H. Pirenne, *Les villes du moyen âge*, Bruxelas, 1927, op. 72. (N. A.)

fim do mundo no ano mil, mas o século que se abre nessa data se caracteriza pela oposição com aquele que o precede por um renascimento de atividades tão marcado que poderia passar pelo despertar de uma sociedade oprimida durante muito tempo por um angustiante pesadelo.

Esse trecho pode servir de modelo a todos os historiadores tentados de apressar suas conclusões. Ele pede, entretanto, algumas observações. Não é falso, como vimos, que alguns grupos tenham esperado o fim do mundo no ano mil, mas é exato que a Igreja freou esses terrores e que as classes esclarecidas provavelmente estavam isentas deles. Entretanto, tudo se passa como se tivesse havido "opressão", "angústia", depois "despertar". Daí uma oposição flagrante entre as duas vertentes do ano mil. Mas seria pouco histórico não levar em conta forças que, antes dessa data, no fim do século X, contribuem para a construção do Ocidente e das quais a Igreja nos oferece interessantes exemplos.

## II

Vimos, pelo discurso de Arnulfo no concílio de Saint-Basle, o quanto a cristandade parecia dividida aos olhos de seus contemporâneos, e é preciso dizer desde já que era esse mesmo o caso. Não apenas a Igreja grega tinha sua vida à parte, sua ortodoxia, seu papel político distinto, mas a autoridade de Roma, enfraquecida por longos escândalos dos papas de Túsculo, era contestada ou combatida não apenas nos meios moçárabes da Espanha. Entre a velha cristandade céltica da Irlanda e a igreja "romana" da Inglaterra subsistiam contestações sobre pontos de dogma e de liturgia, mas também uma oposição surda e profunda referente aos costumes, ao estado de espírito, às tradições dos meios. Na França, os debates de Saint-Basle nos dão ideia das longas amarguras acumuladas contra o papado. Apenas mais tarde percebemos a heresia dos cátaros, sobretudo quando o braço secular foi requerido, pela primeira vez em nossa história, contra os religiosos de Sainte-Croix de Orléans, mas é impossível duvidar de que ela tenha fermentado antes do ano mil.

Enfim, no próprio interior do corpo eclesiástico, incontestavelmente unido em matéria de fé, havia profundas divergências de espírito entre os regulares e os seculares, entre os monges e os bispos. Uns e outros são feudais, seus interesses temporais podem se chocar: daí vêm as lutas à mão armada entre gente do bispado e gente da abadia, preocupados em se subtrair da jurisdição do ordinário. Ainda mais importante, havia uma concepção completamente oposta dos deveres da vida cristã.

A reforma monástica do século X, empreendida sob o impulso de Cluny, é, decerto, uma obra importante que os historiadores tiveram razão de destacar, mas é apenas um episódio, de um alcance mais largo que os outros, numa série de crises mais ou menos longas, mais ou menos violentas, que se produziam na vida dos mosteiros na Idade Média. Pode-se dizer que, ao longo desse período, a instituição monástica se desfaz e se refaz perpetuamente. A reforma é parte integrante do sistema: é por ela que ele se recupera e que ele se mantém. Tomando um mosteiro da Itália do século X, como Bobbio, Farfa, ou um mosteiro das Gálias, Saint-Benigne, Saint-Denis, Montiérender, vai-se do extremo relaxamento da regra à extrema severidade de sua restauração. A reforma cluniacense do século X corresponde à reforma beneditina sob Carlos Magno. Se acreditarmos em Bernardo de Hersfeld, citado há pouco, ela conseguiu impor à Gália a estrita observância da disciplina monástica.

A reforma foi conduzida por um homem singular, santo Odilo. Para compreendê-lo, é preciso desenrolar cuidadosamente as faixas nas quais ele foi envolvido pela hagiografia.[11] Ele havia sucedido a são Máiolo, nascido na diocese de Riez por volta de 906, abade de Cluny em 948 e morto em 994, depois de ter reformado a abadia de Saint-Denis por rogativa de Hugo Capeto. Odilo era originário da Auvergne, onde havia nascido em 962. Eleito depois da morte de são Máiolo, durante sua longa vida (que termina em 1049), Odilo foi, como o antecessor, um homem de grande política, e, pode-se dizer, um estadista, não apenas por suas relações com todos os soberanos de seu tempo, mas também pela parte que tomou naquilo que chamamos de construção do Ocidente, notadamente por suas relações com os reis de Navarra, Sancho e Garcia. É com santo Odilo que toma corpo o grande trabalho cluniacense de organização da Espanha cristã, por introdução do monaquismo ocidental no meio moçárabe. Mais tarde, virá a preparação das estradas, balizadas por igrejas, que levam à longínqua peregrinação de Galícia, Compostela. Talvez, sem Cluny, a Espanha tivesse conservado por mais tempo e mais fortemente sua tonalidade africana. Não é, portanto, um obscuro episódio nos anais monásticos a missão do monge Paterno, enviado a Cluny por Sancho, o Grande, e encarregado, ao voltar, de estabelecer a regra no mosteiro de San Juan de la Peña. É um dos fatos consideráveis que nos permitem captar a atividade europeia de santo Odilo, como suas relações com Estêvão da Hungria, com

---

11 Sobre santo Odilo e Cluny, no que tange ao ano mil, G. de Valois, *Le monachisme clunisien*, Ligugé, 1935, 2 v.; e, mais recente: E. Amann e A. Dumas, *Histoire de l'Église*, v.VIII, Paris, 1948, p.325 e ss. (N. A.)

Casimiro I, da Polônia, com o imperador Henrique II: ele assistiu à sagração deste último em 1014. Na própria França, a obra da reforma tinha sido conduzida por ele com uma intrepidez e uma habilidade incansáveis, não apenas em Saint-Denis, mas em Paray-lo-Monial, dado a Cluny pelo conde de Chalon em 999, em Saint-Flour, Thiers, Saint-Sauveur de Nevers, Charlieu, Nantua, para citar apenas alguns exemplos.

Era um desses homens de estatura baixa, de aparência mirrada, mas que não enfraquecem e que trazem em si uma alma de ferro. Não que fosse insensível: todos concordam em reconhecer nele um "nervoso", em todos os sentidos do termo, e mesmo um coração cheio de misericórdia, se podemos acreditar nessa bela palavra: "Se devo ser danado, prefiro sê-lo por causa de minha misericórdia do que de minha severidade". Mas ele havia sido feito para os grandes comandos, e busca com o império um poder que não suporta ver contestado. Por vezes, lágrimas temperam a vivacidade incendiada de seus olhares. Mas, antes de tudo, esse cristão é um chefe. Nesse período em que o monasticismo conta com tantas figuras elevadas, os Abão, os Guilherme, os Goslino, os Morard, o abade de Cluny no ano mil é sem dúvida a mais enérgica, aquela a quem os trabalhos apostólicos interessam de maneira mais direta e mais eficaz à nova estrutura da Europa, a passagem do mundo carolíngio ao mundo romano.

A obra de seu auxiliar, Guilherme de Volpiano, abade de Saint-Bénigne em Dijon, obedece aos mesmos princípios e tem um alcance europeu.[12] É um italiano, que tem à volta de

---

12 Sobre Guilherme de Volpiano: Raoul Glaer, *Vita Sancti Guillelmi* (Migne, *Patrologia latina*, v.CLII. Col.667-720); W. Watkin, William of Dijon. A Monastic Reformer of the early XIth century, *Downside Review*, 1934, p.520-44. (N. A.)

si um grande número de compatriotas e que talvez tenha feito apelo a uma equipe lombarda para reconstruir sua igreja e a bela rotunda acoplada à sua abside. Conhece-se sobretudo sua atividade na Normandia, onde introduziu a reforma em Saint-Ouen de Ruão, em Fécamp, no Mont-Saint-Michel, mas ela se estendeu também à Lorena, assim como à Itália, em Santo Ambrósio de Milão, em Santo Apolinário de Ravena, na abadia de Fructuaria. O homem é estranho, de uma dureza quase assustadora, com um fasto de austeridade e exteriores vaidosamente humildes que chocavam alguns de seus contemporâneos. Esse santo inflexível não perdoava nada a seus miseráveis monges. Por isso, chamavam-no Guilherme Além-da-Regra, *Supra regula*.[13] Glaber, que não é suspeito de maledicência em sua *Vita Guillelmi*,[14] nos pinta com algumas palavras a existência de seus companheiros em Saint-Bénigne: *mortificatio carnis et abjectio corporis ac vilitas vestiam, ciberunque extremitas vel parcimônia*.[15] Alguns fugiam, extenuados pelas privações, vestidos de andrajos, aterrorizados pela brutalidade do superior. Quem sabe se esse tratamento tão duro não era necessário para domar os soberbos e os rebeldes? Mas o monge Ermengaldo, que fugiu pelas estradas para ir pedir reconforto e proteção a Fulberto, bispo de Chartres, antigo aluno e amigo de Gerberto, nos parece sobretudo um pobre homem apavorado que não aguenta mais. Nós certamente cairíamos em erro retendo apenas traços como esses para pintar a reforma cluniacense, e é preciso pensar na

---

13 "Acima da regra." Em latim no original. (N. T.)
14 "Vida de Guilherme." Em latim no original. (N. T.)
15 "Mortificação da carne e rejeição do corpo e humildade na vestimenta, assim como a contenção em todas as coisas e parcimônia." Em latim no original. (N. T.)

efervescência que, por meio de crises periódicas, agitava os monges do Ocidente.

É contra a indisciplina que foi feita a reforma cluniacense, e também, podemos dizer, contra as curiosidades da inteligência: contra a vida do espírito. Os autores antigos são execrados durante o século X e na maior parte do século XI. Santo Odilo vê, em sonho, um vaso admirável de onde saem serpentes: é a poesia antiga. São Máiolo, em sua juventude, havia lido, na escola episcopal de Lyon, os filósofos da Antiguidade, as "mentiras de Virgílio". Com conhecimento de causa, ele os bane de Cluny. Ele mutila os manuscritos, recortando, para destruí-las, as passagens profanas. Se os terrores do ano mil são mais ou menos uma lenda, Pfister nos adverte que também é preciso renunciar à dos monges passando suas noites a copiar os autores antigos, salvando-os para a posteridade: "Os únicos escritos que eles copiam são os escritos dos Pais. Nos séculos X e XI, os autores antigos não tiveram piores inimigos que os monges, sobretudo aqueles que haviam sofrido a reforma de Cluny".[16] De resto, esse ódio não é só dos cluniacenses. É preciso ouvir, em Saint-Basle, o legado do papa, a quem criticavam a ignorância de João XVI, responder que Platão, Terêncio e o resto da boiada dos filósofos são representados como mágicos, hábeis em voar, em mergulhar nos mares, em rastejar. Essa singular troca de pontos de vista tem, pelo menos, o grande interesse de nos mostrar que existem, em relação a isso, várias correntes na Igreja, e que nem todo mundo considera os autores da Antiguidade ora como boiada, ora como mágicos satânicos, ora como serpentes saindo de um belo vaso e, de maneira

---

16 C. Pfister, op. cit., 3-13. (N. A.)

geral, segundo a expressão do próprio santo Odilo, como seres venenosos.

Assim, se consideramos apenas o conjunto da vida monástica e, em linhas gerais, o movimento cluniacense, poderíamos concluir que houve uma regressão em relação à cultura carolíngia, e mesmo que houve uma reação sistemática contra ela. Acrescentemos que Cluny do ano mil, a Cluny de santo Odilo, não é a Cluny de são Hugo, ainda menos a de Pedro, o Venerável, essa alma requintada, tão rica de matizes, uma das figuras mais respeitáveis, mais profundamente simpáticas do século XII. Virá um tempo em que, na grande basílica da qual Urbano II consagrou o altar-mor em 1088, os monges farão esculpir as figuras das Artes liberais e as notas do cantochão sobre os capitéis do santuário. Então, um luxo admirável de imagens, de ornamentos, de representações vivas, de monstros, nascerá na pedra das igrejas da Borgonha, reconciliadas com a Antiguidade pelas proporções, pelas massas e pela decoração arquitetônica. As letras e a música serão ali postas em lugar de honra. Mas então aparecerá um outro reformador que, conforme o ritmo da instituição monástica, se erguerá contra esses vãos luxos do espírito. São Bernardo e os monges de Cister trarão de volta a Igreja à severidade mais despojada, ao purismo da renúncia cristã.

Isso não quer dizer que no entorno do ano mil não existam ilhas monásticas em que se conserva o respeito das boas letras. Abão de Fleury, que vimos lutando contra a vaga de terror milenarista de 970 na Lorena, sofria com os limites e com a insuficiência do ensino na escola de seu mosteiro, limitado às duas primeiras artes do *trivium*, a gramática e a dialética, e à primeira arte do *quadrivium*, a aritmética. Ele foi a Paris e a Reims pedir a mestres famosos, talvez ao próprio Gerberto, o complemento necessário. Foi lá, sem dúvida, que aprendeu a conhecer os poetas latinos, que cita por vezes em suas cartas, e que adquire essa elegância de latinidade que o tornou célebre, assim como noções de astronomia, que assinalou em um tratado, e essa prática do ábaco e dos nove algarismos árabes que lhe inspirou este verso inocente em que brinca, indulgente, com a homonímia:

*Hic abbas abaci doctor dat se Abbo quieti.*[17]

O abade Abão, doutor em ábaco, se designa assim como um discípulo de Gerberto que, sob a influência da cultura árabe da Espanha, tinha renovado esses estudos. Essa grande figura, a quem logo daremos mais atenção, conduz naturalmente nosso pensamento a esse meio catalão do qual ele foi hóspede em sua juventude, e cuja vitalidade, no século X, é notável. Os monges que construíram as primeiras igrejas abobadadas do Ocidente, Santa Cecília de Montserrat, Santa Maria de Amer, Santo Estevão de Banyoles, Saint-Martin du Canigou, tiveram também aptidão para os grandes comandos e os fervores intelectuais.

Conhecemos o papel considerável dessa velha marca carolíngia fundada por Carlos Magno e mantida primeiramente por condes beneficiários, funcionários imperiais que, como no resto do Ocidente, aproveitaram do declínio, depois da derrocada do Império para se tornar condes hereditários e adquirir pouco a pouco uma completa independência, a tal ponto que vemos sua recusa em prestar homenagem a Luís V. O condado de Barcelona permanecerá mais de quatro séculos na casa do fundador

---

17 "Aqui o abade, doutor do ábaco, entrega-se ao repouso do abade." Em latim no original. (N. T.)

da dinastia, Vilfredo, o Cabeludo, o primeiro entre os outros condes da região, seus pares, a exemplo do conde de Besalú e do conde de Cerdanha. No ano mil, a Catalunha sai de uma terrível tempestade, uma das últimas campanhas vitoriosas de Almançor. A tomada de Barcelona e a conquista de uma grande parte da terra catalã não haviam posto fim à brilhante civilização monástica e feudal que conhecemos pelos brilhantes trabalhos de Nicolau d'Olwer; nem mesmo as tinham gravemente abalado. Antes e depois dessa data, somos informados sobre a atividade que reinava nas abadias das montanhas e, no tempo de Gerberto, sobre os excelentes amigos que permaneceram ligados a ele durante sua vida, e à sua memória, depois de sua morte. Um documento, assinado por Ermengol I, conde de Urgell, filho de seu primeiro protetor, Borrel II, conde de Barcelona, o designa (1004), conservando seu nome de acordo com a época: *Gloriosum sapientissimumque papam Gerbertum*.[18] Sua correspondência inapreciável nos faz conhecer um desses fiéis, Miro Bonfill, bispo de Gerona e conde de Besalú, primo de Borrel. Gerberto lhe pede em 984 um livro sobre a multiplicação e sobre a divisão dos números. Na mesma época, ele se dirige a Llobet, arquidiácono de Barcelona (975-992), para obter um tratado de astrologia traduzido do árabe, que lhe serviu para compor seu próprio tratado, tratado do astrolábio. Esses únicos fatos são suficientes para mostrar a importância das trocas intelectuais a partir das quais a Catalunha, no fim do século X, pôde ser a intermediária entre a ciência muçulmana e o Ocidente. Teremos que voltar a eles, estudando a poderosa personalidade de Gerberto. É necessário evocá-los desde agora para termos uma ideia

---

18 "O glorioso e muito sábio papa Gerberto." Em latim no original. (N. T.)

completa do pensamento e da cultura monásticas, a respeito dos quais a história geralmente silencia.[19] Mas temos outros indícios, numerosos, convincentes. O ensino que se fazia em Ripoll, que conhecemos pelos manuscritos 46 e 74 da Biblioteca de Barcelona, era singularmente mais completo do que o de Saint-Benoît-sur-Loire sob Abão, porque compreendia o ciclo completo das sete artes liberais. Nicolau d'Olwer justamente põe em evidência a importância, na biblioteca de Ripoll, dos glossários virgilianos e dos comentadores de Virgílio.[20] Estamos longe de são Máiolo e de santo Odilo, dos vasos que expelem serpentes, dos autores "venenosos". Nós nos encontramos aqui, não na noite que sucede a breve "renascença" carolíngia, mas na aurora do mundo românico. É nas abadias das montanhas que a abóboda românica foi, pela primeira vez, lançada sobre as naves, e a cultura românica começa a se definir aí, não apenas pela manutenção de uma tradição, mas por uma literatura muito viva e requintada, até a extrema singularidade.

Esses abades latinistas do século X, aparentemente perdidos em suas paisagens de rochedos e pedregulhos, são, com efeito, cheios de floreios. Poderíamos esperar que eles nos tivessem deixado algumas belas e rugosas vidas de santos, uma hagiografia épica, rudemente talhada: nada disso, são os mais delicados amantes de vocábulos, que fazem grande uso de glossários,

19 Sobre as relações catalãs de Gerbert: F. Picavet, *Gerbert, un pape philosophe d'après l'histoire et d'après la légende*, Paris, 1897, p.30-4, e N. d'Olwer, em *La Catalogne à l'époque romane*. Paris, 1932, p.186-9, que resume seu estudo: *Gerbert (Silvestre II) i la cultura catalana del segle X, Estudis Catalans*, 1910, IV, p.332-58. (N. A.)
20 N. d'Olwer. Les glossaires de Ripoll, Unico Académique internationale, *Bulletin du Cange*, 1928, p.137-52, e *Un glossaire de Virgile et de Juvenal*, idem, p.104-13. (N. A.)

para descobrir ali belas e difíceis palavras. Em suma, literatos de cenáculo. Tal foi Cesari, ou Cesário, abade de Montserrat e pseudoarcebispo de Tarragona, essa espécie de abade Tigrane do século X. Nicolau d'Olwer cita uma de suas cartas a João XII em 970: é questão de rosas, palmas, esplendor sideral, luminares de virtude, laços da suavidade, trono do éter.[21] Temos o direito de perguntar se não há ali alguma influência ou algum eco do lirismo árabe contemporâneo – o que não diminuiria em nada, muito pelo contrário, o interesse dessa estranha literatura. Na realidade, há ali uma forma de espírito própria a alguns virtuosos que fizeram escola. Alguns dentre eles pareciam mesmo helenizantes, mas de uma espécie muito singular: em seus léxicos, escolhem palavras de origem grega, ou, antes, em Prisciano, essa fonte do primeiro humanismo medieval, e em suas glosas. Assim se explica a forma de dois importantes atos de consagração, o de Cuxa (974) e o de Ripoll (977), devidos, um e outro, à pena erudita demais de Miro Bonfill. Esse gosto todo artificial pelo grego nos é igualmente atestado por um certo Pedro, subdiácono que, em 1010, assina em grego, mas nos adverte com honestidade que ignora essa língua: *Petrus υποδιακονος scripsit, quamvis incultus graeco sermone*.[22,23] Entre 989 e 1009, temos conhecimento de um juiz de Barcelona que chamavam Oruç, o Grego; apelido devido aos seus conhecimentos ou a alguma viagem? Nós o ignoramos.

Decerto, são vestígios fracos. Não são, entretanto, negligenciáveis. Completam a pintura de um meio que, de muitos pontos de vista, se distingue profundamente do meio monástico

---

21 N. d'Olwer, *La Catalogne à l'époque romane*, p.193. (N. A.)
22 "Pedro subdiácono escreveu, embora inculto na língua grega." Em latim e grego no original. (N. T.)
23 Citado por N. d'Olwer, p.195. (N. A.)

cluniacense e antecipa o desenvolvimento próximo da cultura românica, preparando-a. A vida monástica em suas tradições, em seu espírito, apresenta portanto diferenças profundas, se as examinarmos nas comunidades da Irlanda, no continente, através da reforma cluniacense, ou nesses condados da *Marca Hispanica* em que já haviam sido definidas algumas formas muito importantes para o futuro da civilização românica e em que os abades das montanhas seguiam – com simpáticos excessos de verbalismo literário – caminhos tão opostos ao aniquilamento cluniacense. Mas a grande civilização monástica dos carolíngios havia morrido? Parece, ao contrário, que a restauração do Império por Otão, o Grande, lhe tinha conferido novas forças. Como para Carlos Magno, o Império, para os otonianos, não é apenas uma estrutura política, é uma tentativa de ressuscitar o passado e o espírito romanos. Esse movimento atinge seu ponto mais alto em certos meios como Saint-Gall e Reichenau, e em conventos de mulheres, como Gandersheim e Quedlinburgo, que tinham, como abadessas, duas princesas imperiais. É em Gandersheim que a freira Rosvita começa sua epopeia *De gestis Ottonis I imperatoris* (962),[24] e sabe-se que ela é também a autora de comédias latinas mais ou menos inspiradas de Terêncio – Terêncio, cujo nome aparece frequentemente nessa época, juntamente com o de Virgílio, como o de um temível príncipe dos mágicos e que, no entanto, foi lido e compreendido em um convento da Germânia, por uma mulher de espírito, ela própria escritora de talento.[25] Sem dúvida, esse teatro de convento deve ter alguma analogia

---

24 "Sobre as gestas de Otão II, imperador." Em latim no original. (N. T.)
25 Hroswitha (ou Roswitha), *Carmen de gestis Ottonis I imperatoris* (*Mon. Germ. Hist., in usum scholarum*), Hanôver ; cf. A. Fliche, *Histoire du moyen âge*, t.II, *L'Europe occidentale de 888 à 1125*, Paris, 1885, p.225 e ss. (N. A.)

com nossas tragédias de colégio. Entretanto, há aí alguma coisa a mais: Rosvita conhece a vida, o mundo, o amor, até em suas desordens e nos desregramentos da sensualidade. Fazia-se também "política" em Gandersheim, a respeito de um célebre litígio. Resumindo, temos aí meios muito vivos que as *Consuetudines*[26] de Cluny ainda não mergulharam na monotonia da estrita observância. É verdade dizer, como Pirenne, que a marca deixada por Carlos Magno é profunda, mas na Alemanha, pois o Ocidente se busca e se constrói por outras fórmulas, tenta outras experiências. Um abade como Bernoardo é um abade carolíngio e suas igrejas de Hildersheim são rigorosamente carolíngias.

Cometeríamos um erro estabelecendo uma demarcação intransponível entre os regulares e os seculares, pelo menos entre os abades e os bispos. Um grande abade pode ser chamado para o episcopado. O arcebispado de Lyon foi proposto a santo Odilo, que, aliás, o recusou. Gerberto foi abade de Bobbio antes de se tornar arcebispo de Reims e, mais tarde, de Ravena. Goslino, abade de Saint-Benoît-sur-Loire, foi arcebispo de Bourges. O abade Bernoaldo foi bispo de Hildersheim. Seria possível citar outros exemplos e acrescentar que, até o fim do Antigo Regime, na França, benefícios monásticos permaneciam vinculados a bispados. Os capítulos dos cônegos constituem pequenas congregações, frequentemente muito fortes, unidas pela comunidade dos interesses e, mesmo, em certa medida, pela comunidade da vida. Numa época em que o regime senhorial está em todo seu vigor, abadias e capítulos são senhorias feudais, detentoras de terra, de servos, gozando de direitos, de privilégios

---

26 Costumes: textos que, sem ter a forma de uma regra ou de uma constituição, eram também textos legislativos. (N. T.)

e de imunidades. Mas, por mais ativa que tenha podido ser a atividade política dos abades de Cluny, um bispo do ano mil está mais diretamente misturado à vida secular e aos negócios. É quase um grande senhor laico, sobretudo se ele pertence a uma família ilustre, como ocorre frequentemente, e se ele impõe as pretensões, as exigências, o império, em suas relações com os outros prelados e com o poder. Um bispo do ano mil pode ser um santo, mas é sobretudo um barão. Basta lembrar o nome de dois arcebispos de Reims, Incmaro e Aldaberão, para darmo-nos conta do papel imenso que representaram na história política da antiga França, o segundo na revolução dinástica que, em 987, retirou a coroa dos carolíngios para pô-la na cabeça de um duque da Francia, Hugo Capeto. Mas é preciso reservar um lugar particular aos bispos que, por vezes segundo concepções muito diferentes, e mesmo opostas, organizaram os territórios adquiridos havia pouco para a cristandade: Pelegrino de Passau, organizador do germanismo na Boêmia, e são Adalberto, uma das mais poéticas, uma das mais heroicas figuras da Igreja naquela época, e que reencontraremos junto a Otão III.

Tomemos um desses bispos seculares, um desses homens de ação de quem já falamos. Bruno de Roucy, bispo de Langres, é bem conhecido dos arqueólogos, porque as datas de seu episcopado nos dão uma base cronológica para uma interessante igreja do ano mil, Saint-Vorles, em Châtillon-sur-Seine. Mas é por outros títulos que ele pertence à história, no momento em que o rei de França, Roberto, o Piedoso, empreende a conquista da Borgonha, na morte (1002) do duque Henrique, seu tio, para defender os direitos de sobrinho e seu direito real contra as pretensões do conde de Mâcon, Otão-Guilherme, adotado por

Henrique.[27] A questão é saber se a Borgonha permanecerá terra dos capetos ou se se tornará mais ou menos terra do Império. Otão-Guilherme é um aventureiro de grande estilo, de origem italiana por seu pai Adalberto, cujo efêmero reino fora destruído por Otão, o Grande. Está vinculado à Borgonha apenas por sua mãe, que descendia de um antigo conde de Mâcon. Ricamente possuidor de domínios no Franco-Condado, sólido em seu feudo materno, tem como aliados homens como Guilherme de Volpiano e como o Bispo Bruno. É natural que este último seja adversário do rei. Ele é cunhado de Otão-Guilherme por sua irmã Ermengarda; e, além disso, os bispados pesam pouco na mão de Roberto, que usa deles para seu tráfico político. Talvez devamos também lembrar que Bruno é um príncipe carolíngio. Tinha por avó Gerberga, filha de Henrique I, rei da Alemanha e esposa em segundas núpcias de Luís IV de Além-Mar, essa rainha de França a quem já vimos Adso, abade de Montiérender, dedicar seu *Libellus de Antechristo*. Na verdade, sua diocese é um desses grandes Estados feudais que, ao lado do domínio ducal propriamente dito, e sob a suserania do duque, constituem o ducado da Borgonha. Conta com domínios importantes, não apenas o de Langres, mas os de Dijon, Tonerre e muitos outros, nos quais estão por vezes estabelecidos condes beneficiários, seus vassalos. Tal é a poderosa armadura territorial que o arcebispo de Langres domina do alto de seu rochedo, entre o alto vale do Marne e o triste planalto em que o inverno é tão rude, até o alto vale do Sena, sorridente, fértil, humano na região de Chatillon. Sobre seu escarpamento, Langres é hoje a ponta avançada da Borgonha: mas, naquela época, se podemos

---

[27] C. Pfister, op. cit., p.253 e ss. (N. A.)

acreditar na divisão por dioceses e arquidiaconias, Troyes, Sens e Provins eram ainda territórios borguinhões. Como quer que seja, o homem que dominava Langres, estendendo-se até Dijon de um lado e, de outro, até Tonerre, não era um pequeno senhor. Bruno de Roucy resistiu bastante. Um diploma de 1006, citado por Pfister, nos faz saber que a autoridade real era reconhecida na Borgonha, mas o bispo de Langres a ela não se submetera, e o abade de Saint-Benigne lhe permanecia fiel, apesar das prementes insistências de Roberto. Parece, aliás, que o traço dominante do caráter do abade não havia escapado ao bispo que, numa assembleia, observava em voz baixa a um de seus vizinhos, como uma fraqueza, essa ostentação de humildade e de virtude. Bruno morreu no dia 31 de janeiro de 1016 e foi substituído por Lamberto, em consequência de uma negociação que dava Dijon ao rei da França e, no dia 3 de novembro do mesmo ano, ocorria a consagração da igreja Saint-Bénigne.

Nem todos os bispos do ano mil são de linhagem real, como Bruno de Langres, neto de Gerberga, ou Goslino de Bourges, bastardo de Hugo Capeto. Nem todos têm essa aspereza de têmpera. É pela superioridade das visões e também pela flexibilidade do caráter que se fez, como veremos, a ascensão prodigiosa de um pequeno monge de Saint-Géraud d'Aurillac, um aquitano, sem nascimento e sem nome, Gerberto. Cliente dos otonianos, que o recompensaram até elevá-lo ao pontificado, nós o encontraremos sucessor de Aldaberão na cátedra de Reims, que lhe será, aliás, violentamente contestada, antes de ocupar a de Ravena, que logo abandonou pelo trono pontifício. Não é um barão, é um grande senhor do espírito, um amigo desses "mágicos" dos tempos passados que causavam horror a santo Odilo, uma cabeça política em que se completam e se harmonizam todos os dons: a audácia das perspectivas, o sentido da verdadeira grandeza, aliados a não sei qual astúcia filosófica e a esse *amor fati*[28] que é próprio dos heróis ou dos sábios... Ele é a articulação entre dois mundos, o Oriente islâmico e a cristandade, e entre duas épocas, a Idade Média carolíngia e a Idade Média românica. Merece ser estudado em detalhe. Mas seu nome e seu lugar deviam ser evocados aqui, não longe de seus amigos da Catalunha, não longe do bispo de Gerona, Miro Bonfill. Se é verdade que uma civilização vale pela diversidade dos exemplares humanos que ela produz e de que lança mão no mesmo momento, no plano mais elevado, não se trata, seguramente, de tempos medíocres esses que deram à Igreja santo Adalberto, Bruno de Roucy e Gerberto de Aurillac.

Mas, se as personalidades são fortes, a poderosa unidade de visões que distingue o monaquismo cluniacense não faz falta ao corpo episcopal? Ele não está dividido em seus interesses? O sentimento baronial não fragmenta sua coesão, limitando o alcance de sua atividade? Que papel ele pôde representar na construção do Ocidente? Entre todos os fatos que nos oferece a história dos concílios no final do século X, já foram, justamente, postos em evidência aqueles que tendem a refrear ou, pelo menos, a limitar as guerras senhoriais. Pode-se dizer que a guerra é o estado normal desse século, não apenas entre poderes, mas entre senhores. Não estando mais garantida a ordem pública por um poder regulador, cada um sustenta suas pretensões ou satisfaz seus apetites com as armas na mão. O regime dominial implica a guerra dominial; vizinhos se matam entre

---

28 Amor ao destino, ou amor àquilo que é necessário. Em latim no original. (N. T.)

si, e isso se chama guerra. A redução do banditismo senhorial é uma parte considerável da obra dos Capetos — esforço secular sobre o qual, em pleno século XVII, os Grandes Dias de Auvergne[29] lançam uma estranha luz. A igreja do ano mil tinha trabalhado no mesmo sentido com uma notável continuidade de ação. Em 989 e em 990 os concílios de Charroux e de Narbonne condenavam apenas em princípio as guerras senhoriais. Mas, no mesmo ano deste último, o sínodo de Puy ia muito mais longe: o bispo Guido de Anjou instituía uma técnica de repressão, criando uma polícia "destinada a impedir a irrupção nas igrejas", o roubo dos cavalos, o emprego da mão de obra estrangeira em benefício ou alódio para construir castelos etc. Reanimar a ideia do direito, mas, além disso, criar uma força em serviço desse direito, unir-se para impor a paz aos bandidos feudais que se estraçalham entre si e que espezinham os povos, tal é o princípio dessas "Associações pela paz" projetadas em 997 pelo concílio de Limoges e no ano mil pelo concílio de Poitiers. É em 1027 que o sínodo de Tulluges no Roussillon proibiu batalhas no domingo, proibição que está na origem da "Paz de Deus". Mas temos o sentimento de que os prelados do ano mil tinham um projeto mais vasto do que essa trégua dominical, que é, afinal, apenas uma solução provisória. Não deixa

---

29 Les grands jours d'Auvergne (traduzido como "Os grandes dias de Auvergne") foram uma série de julgamentos realizados na região francesa de Auvergne entre 1665 e 1666. Os julgamentos foram conduzidos por uma comissão de magistrados, encarregados de investigar e punir crimes como banditismo, corrupção e abuso de poder na região. Os julgamentos foram parte de uma iniciativa mais ampla do rei Luís XIV para reafirmar o controle centralizado do governo francês sobre as regiões do país, que até então haviam sido governadas por senhores feudais e outros poderes locais

de ser interessante notar que esse movimento construtivo, que reage contra um dos fenômenos da dissolução carolíngia, parte do Centro da França para se espalhar no Sudoeste e no Sul, na Aquitânia, na Catalunha, quer dizer, nas regiões que servem de base à civilização românica. Assim, enquanto a reforma monástica restabelece a ordem nos claustros pelo rigor da disciplina e pela renúncia ao luxo da cultura, o episcopado, por outros caminhos e num outro terreno, tenta também restabelecer a ordem construindo a paz.

## III

Os acontecimentos políticos do ano mil no Ocidente não têm alcance menor no que se refere ao futuro da Europa. Apresentam um caráter comum: clareiam, como pontos luminosos, largos fenômenos de expansão e de movimento. No Nordeste, esses movimentos lembram as grandes invasões do século V, acompanhados pela conversão dos germanos marítimos que ainda permaneciam pagãos; no Sul, a reconquista e a ocidentalização da Espanha procedem por etapas mais lentas, mas, a partir desse instante crítico, com uma continuidade que nada mais interromperá. Na França, a monarquia capetiana começa, segundo uma técnica feudal, o trabalho secular de unidade que ela deve prosseguir contra os senhores feudais. A Alemanha enfim esboça, graças a um grande papa, um sonho de império universal que começa e termina como um romance, repleto de irrealismo.

Primeiro, dirijamos nossos olhares para essas regiões do Atlântico Norte de onde vieram, para a Europa continental e para as ilhas britânicas, tantas inquietações e desastres ao longo do século IX com as incursões normandas. A essa primeira vaga viking sucede uma segunda, de uma magnitude formidável, ao longo do século seguinte. Ela confere aos dinamarqueses o império no Báltico, que logo se estende à Inglaterra. De Haroldo Dente-Azul a Sueno e de Sueno a Canuto, há progressão sem parar. Na segunda metade do século X, a impressão é de que os dinamarqueses estão em todos os lugares: cem anos mais cedo (859), nós os encontramos no coração da Navarra, em Pamplona, e em muitos outros lugares; sob Haroldo (950-986), eles fundam esse poderio, ao mesmo tempo estável e movente que, apoiado em bases marítimas arrancadas à fraqueza dos reis saxônicos da Inglaterra e à anarquia dos chefes irlandeses, agarra pela garganta essas formações políticas pouco coerentes. Uma cintura de estabelecimentos dinamarqueses ocupa numerosos portos, ilhas médias e pequenas, embocaduras de rios, paralisa atividades ou compartilha os lucros. São bases para a guerra e para a pirataria, antes de se tornarem empórios de comércio. Mais do que a necessidade de vender peixes e espadas de ferro, o instinto de um nomadismo marítimo, a fúria de queimar, de matar e de roubar levavam longe esses cruéis navegadores. Mas, da mesma maneira que eles passaram do período dos saques ao dos estabelecimentos fixos, passavam agora de um estatuto retalhado, de uma organização de chefes de bando e de pequenos reis do mar, dispersos num espaço imenso, à fundação de uma espécie de império. É notável, aliás, que sua aparente grandeza coincida com seu declínio e que o desejo de possuir terras neutralize seu ímpeto...

    O cristianismo avançava entre os dinamarqueses desde o século X. No dia 2 de janeiro de 948, o papa Agapito II vincula a Hamburgo, como metrópole que era, três bispados dinamarqueses recentes, os de Schleswig, de Ribe e de Aarhus. Não conhecemos a data da conversão de Haroldo. É certo que ele foi batizado, assim como sua mulher Gunhild e seu filho Sueno. Construiu a catedral de Roskilde, dedicada à Trindade. Gostaríamos de conhecer melhor esse cristianismo do Norte, superposto a uma cultura da idade do bronze, a seus velhos mitos solares, à religião primitiva dos germanos. Entrando na sociedade cristã, os chefes nórdicos não depõem suas crenças e seus instintos na porta dos santuários. Lá ainda subsiste por muito tempo, sob uma superfície moderna e cristã, uma espessa camada de arcaísmo humano. Como na Nortúmbria muitos anos antes, um violento retorno aos deuses de outrora foi desencadeado pelo próprio Sueno. Mas esses cristãos tão incertos não deixam de entrar em novos esquemas. Que a estrutura da Igreja se superponha à organização da velha sociedade é um fato considerável para os dinamarqueses, tanto quanto para os noruegueses: a conversão de Olavo Tryggvason data aproximadamente de 995; a dos suecos, do ano mil.

É no verão desse ano que se trava, em Helsingborg, a grande batalha naval que assegura aos dinamarqueses o domínio do Báltico e, ao mesmo tempo, a tranquilidade de sua retaguarda pelo desenvolvimento de suas operações inglesas. De um lado, dinamarqueses e suecos; de outro, os noruegueses e um povo eslavo, os vendos. Sueno comanda os primeiros, Olavo é o chefe das forças adversárias. Por algum tempo, ele havia servido os dinamarqueses na Inglaterra, de onde havia retornado à Noruega para se tornar rei no lugar de Haakon. Foi vencido e morto no combate. A partilha dos despojos deu aos dinamarqueses a Noruega meridional e, a seus aliados, os condados do país de Trondheim. À primeira vista, parece que temos aí apenas um episódio, a bem dizer brilhante, mas longínquo e recuado, em guerras de povoações. De fato, o acontecimento do ano mil tornou possível a conquista da Inglaterra pelos dinamarqueses, e as grandes expedições que terminaram por quebrar a resistência do rei saxônico Etelredo: a de 1009, conduzida pelos vikings de Jomsburgo, a de 1010, assinalada pela vitória dinamarquesa de Ringmere e pelo pagamento de um tributo enorme, e a de 1013-1014, que termina pela tomada de Londres e pela fuga de Etelredo para a Normandia.

Por que a Irlanda escapou ao destino da Inglaterra e não se tornou dinamarquesa? A anarquia ali era praticamente endêmica. O espírito de clã dividia ao máximo a autoridade. No meio do século X, os escandinavos ocupavam Cork, Waterford, Limerick, onde haviam fundado pequenos principados muito sólidos, com bases marítimas excelentes. Parece que o processo constante da conquista bárbara deveria se desenvolver ali com sucesso. Um chefe enérgico e feliz conseguiu conjurá-la. Brian e seu irmão mais velho, Mahon, reis de Munster do Norte, Thomond, sustentaram por muito tempo lutas épicas para crescer e manter-se contra os dinamarqueses e seus partidários irlandeses. Mahon morre em 976. No ano mil, Brian quase terminara sua obra. Com 59 anos, ele é o mestre de toda a Irlanda do Sul, depois de ter derrotado os dinamarqueses e seus aliados. É o chefe reconhecido de todos esses chefes indisciplinados, exerce o poder sobre eles e, em 1002, toma o título como sucessor do *ard-ri*[30] Malachi II. Então começa um belo reino de doze anos que termina por sua morte numa nova vitória sobre uma coalizão de chefes escoceses e escandinavos em Clontarf (1014).

---

30 Alto rei, ou rei supremo. Em gaélico no original. (N. T.)

É menos por novas empreitadas dos piratas, dos traficantes ou dos colonos dinamarqueses que por dissenções internas que a Irlanda perderá sua independência, mas apenas no século XII, depois de uma invasão anglo-normanda.

Se tentamos compreender os acontecimentos dos quais os anos 1000 e 1002 formam o pivô no Noroeste da Europa, constatamos que a anarquia fundamental dos bárbaros tende a estabelecimentos mais sólidos que no passado. A primeira vaga viking, no século IX, leva para longe, em longas barcas do tipo de Osenberg, aventureiros do mar sem grandes intenções políticas. A segunda, no século seguinte, os leva à conquista da Inglaterra e, primeiro, como condição preliminar, a esse trabalho de unidade no Báltico, cuja batalha de Helsingborg assegura a vitória aos dinamarqueses. Duas forças absolutamente contrárias os ajudavam: primeiro, a conservação das tradições e das virtudes bárbaras em toda a sua pureza: a famosa fortaleza de Jom ou de Jomsburgo sobre o Oder parece ter sido o centro de conservação e de treino; nas circunstâncias difíceis, apelava-se aos vikings de Jom; foi ali que se desenvolveu, no rigor, a juventude de Canuto; foi ali que se mantinha o vigor do impulso. Por outro lado, o cristianismo se acomodava pouco a outras estruturas além daquela de um feudalismo de piratas. Estranho e combatido cristianismo: já mencionei a reação pagã sob Sueno. Quinze anos depois da morte de Tryggvason, batizado na Inglaterra, um outro catecúmeno do clero inglês, Olavo, o Santo, quis impor sua fé aos noruegueses, sobre os quais ele tinha se lançado para se fazer rei, aproveitando das dificuldades de Canuto no início de seu reino, e seu absolutismo provocou uma revolta. A catedral de Nidaros não mergulhou nas sombras os deuses de outrora. Mas sabe-se o que Canuto significou para a Igreja. Essas duas forças unidas, o elã viking e a potência construtiva do cristianismo, ajudaram seu gênio de conquistador a fundar um império. Mas, espalhado pela extensão dos mares frios e sem unidade interior, esse império se desagregou depois dele. A verdadeira fundação durável foi a conquista da Inglaterra por Guilherme, em 1066. Estava reservado aos normandos da Normandia, profundamente impregnados de disciplinas continentais por um século e meio de vida francesa, instituir para sempre na Inglaterra uma ordem ocidental. Mas, com a tapeçaria de Bayeux, que comemora a expedição de 1066, subsiste para nós, como um fundo histórico quase apagado, a lembrança da grande batalha do ano mil em Helsingborg.

Vamos à outra extremidade do Ocidente, a esse mundo ibérico em que se desenrola, desde o fim do século VIII, uma outra luta que opõe o Cristão e o Infiel, o Islã do Magrebe e os pequenos reinos incertos que se agarraram nos montes das Astúrias e no reverso meridional dos Pirineus. A questão que o ano mil apresenta ao Norte é saber se os povos do mar são capazes de se unir para fundar estabelecimentos duráveis ao entrar na comunidade cristã. A questão que se apresenta ao Sul é saber se a Espanha será terra da África ou terra da Europa. Nunca um momento foi mais crítico do que entre os anos de 997 e 1002. Podia-se acreditar que os cristãos seriam definitivamente varridos da península pelas vitórias de Almansor. Era um árabe da mais fina e mais dura têmpera, chefe de guerra e estadista e, com o título de Hájibe, o verdadeiro mestre do Califado de Córdova sob Hixame II, o débil sucessor de Aláqueme. Em 985 ou 986, ele toma Barcelona, retomada dois anos mais tarde pelo conde Borell. Ao longo dos anos 987-988, caem Coimbra, Samora e Leão. Em 997, a queda e a destruição de Compostela ecoam ao longe. A vaga que sustenta Almançor parece conduzir à submissão a cristandade da Espanha, e para sempre. Em 1002, ela é mais aterradora do que nunca, com a campanha de "Canales en la Rioja", que toma outras fortalezas, outros mosteiros — entre outros, San Millán. Mas Almançor está cansado, e são as últimas chamas de seu destino. Contam que, enfraquecido pela doença, ele era carregado em liteira ao combate. No mesmo ano, ele morre em Medinaceli, seja de um ferimento sofrido durante uma problemática vitória dos cristãos, seja da doença que o afligia.

Então, parece que a história, bruscamente, muda de rosto. Nunca foi mais evidente que o homem desempenha um papel nos negócios humanos. Aquele que desaparece carregava em seus ombros fortes o fardo de um império. Ele cai, e o império se esfacela. As vastas construções políticas do Islã são mais frágeis do que sua delicada arquitetura de ebanistas e de oleiros, coberta por malha ornamental abstrata. Não é que o sucessor de Hixame II seja um fraco. Ao contrário, é sua dureza, chamada de tirania pelos berberes, que provoca a revolta deles. Com a ajuda do conde de Castela, eles tomarão Córdova em 1009. Doravante o califado se desagrega em principados secundários, segundo um processo análogo à decomposição carolíngia. Decerto, o Islã ainda conhecerá brilhantes sucessos na península e mesmo períodos de esplendor. Resistirá por cerca de cinco séculos. Mas, a partir de 1002, está em regressão, e os cristãos da Espanha, com uma força acrescida pelos contingentes do Norte, lançam-se à reconquista, inaugurada na segunda metade do século VIII por alguns nobres visigodos que haviam escapado ao desastre de sua monarquia. Com a morte de Almançor, outro homem aparece e imprime sua marca aos acontecimentos — o rei de Navarra do ano mil, Sancho Garcia III – Sancho, o Grande. A própria fraqueza dos reis de Leão serve a seus desígnios, tanto quanto a fraqueza do califado. Ele aproveita para crescer e esboçar uma unidade que parece consagrar o título ambicioso que ele assume em alguns atos: *imperator Iberorum*,[31] mas que será desfeita pela partilha de seus herdeiros. Seu vizinho para além dos Pireneus, Sancho Guilherme, duque dos gascões, exerce uma influência mais forte do que os suseranos nominais desse senhor, o duque de Aquitânia e o rei da França. Enfim, nós o vimos apelar para Cluny, de quem ele instala os monges e a regra em San Juan de la Peña. Com isso, como com suas vitórias, ele faz de seus Estados um pedestal para a civilização romana, não menos importante do que a velha *Marca Hispanica*, das quais o conde no ano mil, Raimundo, sucessor de Borel desde 993, é também um rude adversário.

É-nos agora possível perceber as perspectivas do grande trabalho histórico que, em diversos planos, se faz entre a Espanha e o Ocidente. Antes do ano mil, os chefes dos pequenos reinos serranos, nascidos da resistência de Pelágio e de seus companheiros, mantêm velhas tradições visigóticas, mas não sem certas relações com o meio carolíngio, como tendem a provar algumas igrejas de um tipo comum à França do Loire (Germigny-des-Prés, e às Astúrias (San Miguel de Lillo). Na marca de Barcelona, fundada por Carlos Magno, desenvolve-se, ao longo do século X, uma civilização original e brilhante, que conhecemos por seus latinistas requintados e por seus construtores: veremos estes últimos lançarem abóbadas sobre paredes que arcaturas e bandas herdadas de um longo passado mediterrâneo

---

31 Imperador dos iberos. Em latim no original. (N. T.)

decoram no exterior: essa arte será destinada a se expandir ao norte dos Pirineus, enquanto o resto da Espanha cristã parece tê-la absolutamente ignorado. Entre esses meios tão diferentes, talvez seja na cultura moçárabe que se deva buscar um princípio de unidade – unidade, aliás, muito flexível, já que os monumentos dessa cultura, as igrejas e os manuscritos são, eles mesmos, muito variados: mas eles se estendem por um largo território que compreende a própria Catalunha e exprimem, uns e outros, um certo acordo entre a Espanha cristã e a Espanha muçulmana. É o que há de mais notável na cristandade ibérica do século X. Depois do ano mil, essa cultura híbrida sobrevive apenas em casos isolados. E vemos estão se desenhar, de outro lado, um duplo movimento: a Espanha oriental propaga para além dos Pirineus as experiências que ela conduziu de modo precoce: a Espanha de Sancho, o Grande, e de seus sucessores acolhe os monges de Cluny, os cavaleiros do Poitou e da Borgonha e, na segunda metade do século XI, equipes nômades e compósitas de arquitetos e escultores trabalham dos dois lados dos Pirineus. Então se faz, numa comunidade de contribuições igualmente ricas, o acordo do mundo ibérico e do mundo românico. Mas, se é importante notar a regressão do Islã e o avanço tomado de agora em diante pelos seus adversários, é também importante lembrar que a Espanha, definitivamente incorporada à Europa, conserva seus contatos com o Islã, que ela ficou profundamente colorida por ele e que ela espalha suas influências. Como os povos do mar, que entrechocam Odin e o Cristo, as Sagas e o Cristo, a cultura da Idade do Bronze e as culturas recentes da Germânia otoniana e da Inglaterra saxônica, a civilização ibérica tem uma dupla tonalidade, mas a conserva por muito mais tempo. Sobre seus poderosos alicerces ibéricos, fenícios, gregos, greco-romanos e visigóticos, ela é, ao mesmo tempo, o cabo do Ocidente e a ponta extrema de uma grande vaga oriental. Na economia da Idade Média e dos tempos modernos, é essa contradição que faz sua grandeza.

Entre esses campos de batalha, o Báltico e o Mar do Norte, o reverso meridional dos Pirineus, o resto da Europa ocidental no ano mil e, sobretudo, a França dos capetos parecem gozar de uma estabilidade definitiva. E é verdade que a revolução política que, em 987, substituiu a linhagem de Roberto, o Forte, pelos últimos carolíngios devia assegurar a esse país uma notável continuidade dinástica à qual podia corresponder uma continuidade de ação política. Mas o sistema de alienação da terra real devia progressivamente reduzir o poder do soberano, até o dia em que uma outra "reconquista" sobre os grandes feudais restituiu aos capetos uma autoridade assentada sobre os bens da coroa. Como a França dos reis carolíngios do século X, a França do ano mil compreende três ducados que são quase três reinos, tanto que por vezes se lhes atribui este nome: *regna*,[32] nos textos contemporâneos, e cada um deles compreende, por sua vez, além do domínio próprio do duque que exerce diretamente sua autoridade, condados que são, eles também, Estados feudais cuja importância cresce ou decresce segundo as aquisições territoriais em consequência de guerras, de trocas, de heranças, de casamentos. É um sistema complexo de encaixes, em que a unidade ducal comporta enclaves e movimentos. Compreenderemos o drama da monarquia carolíngia no século X se lembrarmos que nessa época dois ducados, e mesmo os três, podem ser submetidos a uma autoridade única — que não é a autoridade

---

32 Reinos. Em latim no original. (N. T.)

real. Isso porque os príncipes carolíngios, apesar das evidências dos tempos, concebem essas divisões e subdivisões como uma espécie de sistema administrativo herdado da organização imperial (caráter que ele conservou por mais tempo na Alemanha), enquanto os duques e os condes não são mais funcionários, mas possuidores, o duque sendo um conde colocado acima dos outros, interpondo sua própria suserania entre os vassalos e o rei. Eis por que o termo *regnum*[33] traduz não uma ênfase vã, mas quase uma realidade histórica. É porque não tinham mais terra sob os pés que os carolíngios, mesmo enérgicos, mesmo hábeis, pereceram. É porque eles retalharam ou deixaram retalhar sua base feudal que os capetos, ao longo do século XI, puseram em perigo a monarquia francesa.

Sob Roberto, o Piedoso, ainda não é assim. Dos três ducados – ducado da França, ducado da Borgonha, ducado da Aquitânia – a casa real possui hereditariamente o da França, com um domínio que é bem próprio do duque e do rei, tendo por núcleo a região que traz o nome de Île-de-France e o condado de Paris. Assim, a França do ano mil é ao mesmo tempo e em planos muito diferentes um reino, um ducado e uma região condal.

O ducado da França se estende entre o Escalda e o Loire, nos países da antiga Nêustria franca, cujo nome é por vezes lembrado nos textos. Os Estados feudais que o constituem e sobre os quais o duque tem o direito de suserania são numerosos e poderosos: o condado de Flandres, em que se exerce com sucesso desigual a influência germânica, os condados de Arras, de Amiens, de Chartres, de Tours, de Blois e esse condado de Anjou, cujo mestre no ano mil é o temível Fulco negro, celerado

---

33  Reino. Em latim no original. (N. T.)

cheio de astúcia e de audácia, homem de conchavos e de ataques surpresa, que passa seu tempo entre o crime e o medo do Inferno. O conde da Normandia e o conde de Rennes começam a tomar o título de duque – duque da Normandia, duque da Bretanha. Em torno do condado de Troyes se desenvolve outra formação importante, designada sob o nome de "condado champanhês". Mas este resumo está longe de oferecer toda a complexidade dos condados secundários e do feudalismo episcopal, com uma rede intersticial dos viscondados, vicariatos e castelanias pelos quais o duque da França, como os outros duques e como os condes, seus vassalos em *Francia*, multiplicam ou reforçam seus pontos de apoio. O rei, enquanto duque, joga com essa diversidade. Ele se mantém pela política e pela guerra. Sua força reside no fato de que, com esse título, ele está investido de uma autoridade moral antiga e tradicional, anterior mesmo a Hugo, o Grande, e fundada sobre o prestígio dos robertinos. A palavra Nêustria, empregada para designar o ducado, não deve nos enganar. É, no entanto, uma lembrança que se fundamenta em algo de autêntico, numa certa comunidade de povos sob as divisões dos senhores, e Felipe Augusto, depois de um período de desagregação, lhe restituirá a plenitude de seu sentido político. A Île-de-France refará a *Francia*, se não o ducado, e a *Francia* fará a França, restabelecendo o equilíbrio do Ocidente, destruído pela expansão anglo-normanda. Desde o ano mil, fica evidente que o Loire, fronteira meridional do ducado, é um eixo do reino. Assim se explica a importância de Orléans, e a arqueologia nos dá uma confirmação do fato pela rapidez com a qual, no fim do século X, se propaga ao longo do rio um novo tipo de igreja.

Já evocamos a estrutura territorial do ducado da Borgonha, escalonando seus condados ao longo do Sena e do Yonne, do

Loire e do Saona. É uma formação política absolutamente distinta do condado da Borgonha, do Franco-Condado e do reino da Borgonha, uma sobrevivência da antiga parte de Lotário, que se estende então, com enclaves, na margem esquerda do Saona e do Ródano, englobando o Jura e a parte ocidental da atual Suíça. Esse rico ducado, abundando em cidades e abadias, é constituído por uma região de duas vertentes, das quais uma se inclina para as regiões mediterrâneas e a outra para a França ducal. Quando se passa de uma à outra dirigindo-se para o Sul, no momento em que se atravessa, em Blaisy, a linha divisória das águas, acede-se a um mundo diferente, já se olha para outro mar, sob outros céus. Nessa época, o ducado da Borgonha é governado por um príncipe dos capetos, Henrique, irmão de Hugo Capeto, tio de Roberto, o Piedoso. Quando ele morre, em 1002, as pretensões de Otão-Guilherme impõem a guerra a Roberto, que tem o duplo título de rei e de herdeiro natural. Guerra longa e difícil, habilmente conduzida pelo capetiano e que só encontra verdadeiramente um fim com a morte de Bruno de Roucy, bispo de Langres. Então o ducado torna-se sucessivamente o apanágio de dois filhos do rei – Henrique, depois Roberto. O condado de Dijon, retirado do bispado de Langres, é doravante o centro e a sede de uma nova potência que terminará por fazer correr os mais graves perigos à monarquia francesa.

Da mesma maneira, a Aquitânia, na sequência do repúdio de Leonor, filha do duque Guilherme X, por Luís VII, estranha obra-prima política que deu, por um tempo, a metade da França aos ingleses. O ducado de Aquitânia, designado por vezes como a "monarquia dos aquitânios", merece esse título por sua amplidão e por sua unidade. Sem dúvida, no Sul, o duque dos gascões é um vassalo muito imprevisível, que se separa por uma diferença profunda de origem, de costumes e de língua do resto da Aquitânia e da França. A hostilidade chega a ir até a violência, por vezes, como o prova o assassinato de Abão de Fleury, que vinha tomar posse da abadia da Réole, vinculada a Saint-Benoît-sur-Loire (1004). Lembramos também das relações que uniam Sancho Guilherme ao rei de Navarra, Sancho, o Grande. Por outro lado, o condado de Barcelona depende diretamente da coroa, e vemos Borell, no momento da grande invasão de Almançor, fazer apelo a Hugo Capeto, que primeiro exige dele a garantia formal de uma fidelidade da qual o novo rei tinha alguma razão de duvidar. Sob essas duas reservas – a intransigente rudeza gascã e a condição particular da Marca Hispânica, aliás orientada cada vez mais em direção à Espanha –, a Aquitânia se estende do Loire aos Pirineus, com os condados de Toulouse, de Poitiers, de Limoges, da Alta e Baixa Marca, da Auvergne, do Périgord e muitos outros dos quais descendem casas ilustres. No ano mil, o duque de Aquitânia é Guilherme V, o Grande, sucessor de Guilherme IV, Braço de Ferro, conde de Poitiers. É um senhor muito poderoso, digno de cingir uma coroa real, tanto quanto o círculo de ouro que ele recebeu na cerimônia de sua investidura em Saint-Martial de Limoges. Dizem que ele foi tentado por algum tempo pelo reino da Itália e que teve a sabedoria de renunciar. Esse elevado barão de punhos muito duros parece ter sido um vassalo prudente e fiel da monarquia capetiana, acessível à suavidade da amizade, amigo das letras e dos belos livros. Canuto lhe fez muito prazer ao lhe enviar da Inglaterra um soberbo manuscrito. É um indício dessas relações que, fortificadas por alianças dinásticas, nos explicam a construção de Saint-Hilaire de Poitiers por um arquiteto inglês, Gautier Coorland (1049). Enriquecida pelas contribuições do

Oeste, e sobretudo do Sul, em relação pela cruzada da Espanha contra a civilização muçulmana, em contato com a Borgonha, como comprova a fundação do priorado de Tournus de Sainte-Croix de Loudun, a Aquitânia do século XI será um dos grandes focos da cultura românica, e percebemos isso desde o ano mil pela importância de suas abadias.

Esse reino de três ducados, dos quais um pertence ao soberano, outro a seu tio, e um terceiro a seu próprio filho, parece primeiro como uma estrutura imperial coerente, avantajada por sua dupla exposição marítima, enquanto a Germânia tem necessidade, seja do reino de Borgonha, longamente cobiçado pelo fraco príncipe Rodolfo III, seja da Itália, que os próprios italianos disputam, para ter acesso ao Mediterrâneo. Mas, para manter o edifício, é preciso um chefe, continuado por uma linhagem de chefes, é preciso também uma doutrina monárquica. Quem era o rei da França no ano mil? Não apenas um conde de Paris e um duque de França, o que é muito, mas o suserano teoricamente reconhecido em todo o reino dos francos. Seu poder é eletivo e indivisível. Mas, associando seus filhos à realeza, fazendo-os ser reconhecidos e coroados durante a vida, os primeiros capetianos asseguraram a coroa à própria raça sem compartilhar a autoridade. Assim, a revolução dos capetianos tendia, como todas as outras, à hereditariedade dinástica. Em julho de 987, Hugo Capeto, eleito pela assembleia de Senlis, é coroado em Noyon. No mesmo ano, no dia de Natal, seu filho Roberto, associado à realeza, é coroado em Orléans.[34]

---

34 Sobre Roberto, o Piedoso, ver sobretudo Helgaud, *Vie du roi Robert* (E. Pognon, op. cit., p.235-64) e a obra de C. Pfister, op. cit. (N. A.)

No ano mil, Roberto tem trinta anos. Sucedeu em pleno direito a seu pai em 996. Não sabemos se ele já havia repudiado Berta, sua mulher, mas o fato parece consumado em 1001. Primeiro, fizeram com que ele se casasse com aquela que ele chamava de "velha italiana" e que ele detestava, Suzana, filha de Berengário, rei da Itália, e viúva de Arnulfo, conde de Flandres: era preciso, com efeito, vincular mais estreitamente à coroa esse feudo ameaçado pelas investidas alemãs. Triste união política, rompida aliás ao fim de um ano. Foi por amor que ele teria se casado com Berta, viúva de Eudo, conde de Chartres, de Tours e de Blois. Mas Berta era sua parente, e além disso ele era padrinho de um de seus filhos. Duplo crime num tal casamento, não aos olhos do episcopado francês, mas para o papa alemão Martinho V, que fulminou com um anátema. Se Berta foi repudiada, foi sem dúvida porque não dava herdeiro para a dinastia. Quantas lendas sobre o rei excomungado e sobre o reino interdito! A realidade histórica é bem outra.

Roberto, o Piedoso, merece esse nome, mas, como muitos outros soberanos de seu tempo, ele próprio não se acredita inteiramente quite com seus deveres de cristão apenas seguindo os ofícios e fundando igrejas. Havia nele uma caridade e uma bonomia que o tornavam muito simpático. Mas como esquecer que esse amigo dos monges, no curso de suas campanhas da Borgonha, tornou muito dura a vida do abade de Saint-Germain d'Auxerre, do abade de Saind-Bénigne, e que resistira a Santo Odilo? Como esquecer que ele manipulava o episcopado como hábil político, mercadejando os bispados contra cessões territoriais? Ninguém teve um sentido mais elevado de seus direitos de senhor e de seus deveres de rei. Mais um que foi incensado por seu biógrafo, o monge Helgaud, e que é preciso restituir à dureza e ao elã de sua vida. Para ser rei, Hugo Capeto talvez tenha precisado renunciar à política lorena de seus predecessores carolíngios. Roberto a retomou. Não se contenta em manter, guerreando, a arquitetura instável e complicada de sua suserania, e vê mais longe do que seus interesses imediatos de senhoria. Em várias circunstâncias, ele foi verdadeiramente rei.

Tal é o príncipe que certos historiadores abusados por narrativas piedosas — nas quais, aliás, se encontram coisas muito humanas e encantadoras — não hesitam em qualificar, nos próprios termos, de "nulidade". Pouco importa que ele nem sempre tenha conseguido controlar sua terceira mulher, Constança de Arles, que ele desposara em 1003. Ela era alta, vaidosa, autoritária. Ela lhe deu filhos e grandes amarguras. Esse neustriano espirituoso e bom desafiava a tirania doméstica do Mediterrâneo. Ele a deixava dar o tom na corte. O povo e os eclesiásticos se espantavam ainda mais com isso. Os meridionais, sobretudo os da Aquitânia, que ela levava consigo, contrastavam com os homens do Norte. Esses encontros têm alguma coisa de singular. A corte da nova rainha chocou desde o início. "Eles negligenciavam armas e cavalos, diz Glaber; faziam cortar os cabelos até o meio da cabeça; barbeavam-se à maneira dos histriões, usavam botinas e calçados indecentes... Todo o povo dos franceses, tão virtuoso outrora entre todos, os próprios borguinhões, imitaram esses exemplos detestáveis."[35] O abade Guilherme repreendia os senhores, e o cronista afirma que ele conjurou o perigo. Mas é notável que o mundo românico e essa sociedade dos capetos, ainda toda carolíngia, tenham sido assim postos em

---

35 Raou Glaber, *Histoires*, livro III, cap. IX (E. Pognon, op. cit., p.108-9). (N. A.)

presença um do outro. Em todo caso, nem o estado dos costumes, nem o da língua, nem os monumentos parecem anunciar a fusão deles.

E, no entanto, é na França, ou pela França, que o equilíbrio do Ocidente será feito. Na própria França, pela estabilidade da dinastia, pela unidade da reforma monástica, pelos esforços do clero para neutralizar ou restringir as guerras feudais, fermento de dissolução, antes de tudo por uma harmonia geográfica mais forte que as discórdias humanas. Da França partem para a Espanha, com os monges de Cluny, e mais tarde com os senhores do Poitou ou da Borgonha, forças eficazes para a cruzada da reconquista, esperando que os descendentes dos piratas nórdicos, que haviam se tornado senhores de terra, feudais e cristãos na Normandia, instalem na Grã-Bretanha a dominação forte e durável que os saxões e os dinamarqueses não tinham conseguido manter ali. O ano mil já preludia para novas construções com Sueno no Báltico e no mar do Norte, Sancho, o Grande, na Espanha e o rei Roberto na França. Por mais precário que pudesse então parecer o futuro, essas tentativas e esses combates nos conduzem ao que os milenaristas chamariam de uma nova idade do mundo – a Idade Média. Que parte teve nisso o papado? Que parte teve o Império?

# III
## O papa do ano mil

Independentemente de qual seja a constância de certos fenômenos gerais na vida histórica, a potência das instituições e das estruturas herdadas do passado, independentemente de qual seja a importância de certos movimentos coletivos em que o indivíduo perde o chão, o conhecimento do homem é necessário para as pesquisas do historiador. Não apenas o homem colore os acontecimentos segundo suas aptidões, seus objetivos e suas disposições pessoais; ele pode lhes conferir uma direção e um contorno, podendo até mesmo determiná-los. O que torna particularmente difícil a história da Idade Média nesse período ainda incerto que separa o mundo romano do mundo carolíngio, mesmo em uma região que, como o coração do Ocidente, já aparece como um ambiente consciente, animado por forças refletidas, é que o homem é difícil de captar e, ao tentar precisar seu caráter, sempre corremos o risco de ultrapassar ou alterar a verdade. As biografias mais abundantes exigem antes de tudo a crítica do próprio biógrafo. E frequentemente conhecemos os homens apenas por algumas ações externas, entrecortadas por vastos intervalos de escuridão.

No entanto, podemos interpretar para além dos nomes um certo número de personalidades do ano mil. Um Sancho, o Grande, um Guilherme de Aquitânia, um Odilo, um Roberto, o Piedoso, para citar apenas os protagonistas, aparecem-nos não como sombras projetadas numa parede por uma luz incerta, mas como seres vivos e complexos, mesmo quando, como o reformador de Cluny, são dirigidos por um pensamento único que direciona todos os seus esforços para o mesmo objetivo. Distinguimos assim que, contemporâneos uns dos outros, eles não deixam de pertencer a diversas idades do tempo: o dinamarquês Sueno, organizador da unidade báltica, o norueguês Olavo, o Santo, que quer fazer entrar à força seu país na comunidade cristã, e mesmo Brian, o chefe irlandês, parecem emergir das profundidades de um passado muito longínquo. Os outros são "modernos", no sentido de que pertencem ao tempo que é o deles, do qual assumem os deveres e os trabalhos, organizando monarquias, ordens monásticas, sociedades de comércio ou associações pela paz. Outros, também, anunciam o futuro de certo tipo humano ainda muito raro e uma nova forma de espírito.

Tal foi o papa do ano mil, Gerberto de Aurillac, que escolheu, em sua elevação ao pontificado, o nome de Silvestre II.[1] Somos admiravelmente informados sobre sua vida e sua obra por ele próprio, um pouco por seus livros, muito por suas cartas, espelho fiel de seus desígnios, mesmo secretos, de suas

---

[1] Sobre Gerberto, além da fonte essencial, Richer, *Historiarum libri IV*, ref. A. Olleris, *Oeuvres de Gerbert*, Clermont e Paris, 1867; J. Havet, *Lettres de Gerbert (983-997)*, Paris, 1889; K. Schultes, *Papst Sylvester II als Lehrer und Staatsmann*, Hamburgo, 1891; F. Picavet, *Gerbert, un pape philosophe d'après l'histoire et d'après la légende*, Paris, 1897; F. Eichengrün, *Gerbert (Sylvester II) als Persönlichkeit*, Leipsig, 1928. (N. A.)

ideias, de seu humor, de suas amizades. A elegante latinidade que apresenta não é apenas a de um grande professor – ele o foi –; ela traduz com muito encanto e naturalidade os movimentos de uma mente de primeira ordem e de uma alma exigente, perseguida menos pela ambição do que pela nostalgia da grandeza. Mestre de toda uma geração, exerceu sobre sua época uma influência profunda. Alimentou visões políticas de uma amplitude extraordinária. E sua própria lenda, que o representa como um príncipe dos feiticeiros, que teria feito pacto com o demônio, termina por nos revelar nele não um vago precursor, mas um homem da Renascença, uma cabeça enciclopédica, bem organizada tanto para o saber quanto para a ação e os grandes comandos. Nas dificuldades de sua vida, parece que ele se choca com seu próprio estranhamento. O fato de que tenha triunfado sobre isso – e que ele tenha dominado isso até sua fortuna – dá a medida de sua alma. Começou por fazer um rei de França, depois de ter sido o educador de seu filho. Para completar seu destino, encontrou um jovem imperador, um herói e um santo, morto aos 20 anos. O pequeno monge da Aquitânia que se tornou papa e o filho da bela imperatriz grega sonharam, ambos, arrancar o Santo Império à sua estrita definição germânica e recomeçar como Silvestre I e Constantino. Se Otão III tivesse vivido, teriam tido sucesso? Pouco provável. Mas o próprio fracasso acrescenta à nobreza dessas duas grandes vidas.

# I

Gerberto possui os dons próprios à sua região de origem, a Aquitânia, um substrato de latinidade humana ainda não completamente apagado, a vivacidade, o ardor e tudo o que se chama de boas disposições. Ignoramos tudo de sua família, a não ser o fato de que era obscura: *obscuro loco natum*,[2] diz a crônica de Aurillac, texto confirmado por uma carta de Gerberto ao bispo de Strasbourg Wilderod, na qual ele declara que não foi ajudado nem pelo nascimento, nem pelos bens da fortuna: *nec genere nec divitiis adjutus*,[3] e é por uma interpretação abusiva de algumas outras cartas que tentou-se fazer dele um parente de Ébrard, abade de Saint-Martin-de-Tours. Era uma dessas crianças pobres e talentosas que as abadias ou as escolas episcopais procuravam, e que por vezes ajudadas em seus estudos por indivíduos generosos: mais tarde, ele encontraria várias delas em volta de sua cátedra de Reims. É no mosteiro de Saint-Géraud, em Aurillac, que ele foi criado desde sua infância, como tantos outros escolares daqueles tempos, como os alunos de Abão em Saint-Benoît-sur--Loire, como Raul Glaber em Saint-Germain-d'Auxerre. A abadia de Aurillac era uma das casas religiosas importantes da Aquitânia. Conhecemos seus litígios no século XI com Saint-Foy de Conques, que a eclipsou. Teve por mestres os abades Geraldo e Raimundo, a quem sempre permaneceu carinhosamente ligado. Nessa alma elegante, as lembranças de uma juventude monástica conservam uma grande suavidade. Mais tarde, em Reims, já honrado, ele lhes conserva e testemunha toda sua afeição. Em nome de seu arcebispo Adalberão, ele lhes envia presentes e, na carta que os acompanha, não se esquece de ninguém, saudando Raimundo, Airard e todos seus irmãos. Ainda mais tarde, elevado ao episcopado, solicita as orações deles. Sob suas

---

2 Nascido em um lugar obscuro. Em latim no original. (N. T.)
3 Não ajudado nem por linhagem nem por riquezas. Em latim no original. (N. T.)

fórmulas um pouco envolventes: *dulcissime frater, amantissime...*,[4] há aí a constância de um vínculo que não se desmente. Ele gosta de dizer que deve a Raimundo tudo que sabe: foi Raimundo quem lhe ensinou a gramática, ou seja, o latim, que não é falado comumente, mas que não cessou de ser a língua do espírito e dos grandes interesses públicos. Hugo Capeto, que o ignorava, tinha necessidade de um intérprete em certas entrevistas políticas. O conhecimento do latim era ainda a chave do destino de um clérigo. Raimundo foi um excelente mestre, se julgarmos a partir da latinidade de seu aluno que foi um dos mais brilhantes escritores da Idade Média.

Era um clima humano bem diferente dos rigores de Saint-Bénigne e da rude disciplina de Fleury, e compreendemos que não é indiferente para um Gerberto ter passado a juventude em um meio assim, e sobre esse solo da Aquitânia que devia definir e sustentar a primeira civilização românica. Não menos importante foi sua viagem na Marca Hispânica. Em 967, Borell, filho de Suniário, conde de Urgell, sucedia a Seniofredo como conde de Barcelona. Por ocasião de seu casamento, ele veio à França, parou em Saint-Géraud e, a seu pedido, os monges lhe confiaram aquele dentre seus alunos que mais os orgulhava, aluno que tinha se tornado um amado irmão. O conde enviou Gerberto ao bispo de Vich, Hatão.

Já vimos anteriormente o que era a cultura catalã e seu requinte literário, um pouco complicado, um pouco frágil e pouco original. Esses latinistas e esses helenizantes nos tocam, no entardecer do século X, porque estabelecem um vivo contraste com os cluniacenses, com seu anti-humanismo férreo.

---

4 Dulcíssimo irmão, amadíssimo. Em latim no original. (N. T.)

Mas isso é apenas um aspecto da vida intelectual deles. Por Isidoro de Sevilha, conservavam contato com a ciência da Antiguidade. Junto deles, e bebendo nessa fonte, Gerberto fortificou sem dúvida sua filosofia e sua teologia. Foi notado que sua definição da filosofia — *divinarum et humanarum rerum comprehensio veritatis*[5, 6] — é toda isidoriana. Além disso, ele se nutre do que chamaríamos de ciências — naqueles tempos, a aritmética, uma geometria de agrimensor, a astronomia. Teria ele conhecido a ciência árabe? Fez a viagem para Córdova? Essa viagem é um dos elementos principais da lenda de Gerberto feiticeiro. Ademar de Chabannes disse que a viagem foi realizada *causa sophiae*,[7] pela ciência, pela filosofia. Ascelin de Laon dá a Gerberto o nome de um rei do Egito, terra da feitiçaria: Neptanabus. Por volta de 1080, Beno o acusa de malefícios; Sigisberto de Gembloux (morto em 1113), de necromancia. Orderico Vital (morto em 1141) relata sua entrevista com o demônio. Enfim, Guilherme de Malmesbury escreve o romance completo. Gerberto foi para Córdova estudar as ciências malditas, amou a filha de seu anfitrião sarraceno e fugiu com ela. As astúcias do Maligno e os encantamentos se enlaçam nessa história romântica. Mas todas essas anedotas são costuradas com uma linha muito grossa. Permanece a alegação pura e simples de Ademar de Chabannes. Mas nem Gerberto, nem seu discípulo Richer, que abunda em detalhes preciosos sobre o ensino de seu mestre, fazem a menor alusão a isso. Acrescentemos que uma viagem a Córdova no século X não era coisa muito fácil: temos como prova as tribulações de João de Gorze, enviado à

---

5 Cf. F. Picavet, op. cit., p.32, n.3. (N. A.)
6 A compreensão da verdade das coisas divinas e humanas. Em latim no original. (N. T.)
7 Por causa do saber. Em latim no original. (N. T.)

corte de Abderramão na época em que este enviava igualmente uma embaixada a Otão I (952). Mas era absolutamente necessário que Gerberto fosse a Córdova para entrar em contato com a cultura muçulmana? Sem dúvida, não era nessa época e nem no Magreb que ela lançava os raios mais vivos: o grande período dos Avicena e dos Avicebrão não havia ainda chegado. Mas Córdova não deixava de ser um centro de estudos. Certos textos importantes e interessantes haviam sido traduzidos pelos judeus. A correspondência de Gerberto com seus amigos da Catalunha, a quem pede exemplares de dois dentre eles, nos faz conhecer um tratado de astrologia do qual ele não diz o autor. Deseja também uma obra de Leão, o Sábio, ou Leão de Espanha. Embora seja quase impossível estabelecer com precisão o que ele deve às fontes judaico-árabes, não creio que seja absolutamente necessário afastar, entre os mexericos de Guilherme de Malmesbury, o que esse autor nos diz a respeito dos órgãos, do relógio e dos globos celestiais que Gerberto sabia construir ou mandava construir. É possível que, no declínio das artes mecânicas no Ocidente, Gerberto tenha adquirido o conhecimento e a prática pelo Islã, herdeiro dos "mecânicos" bizantinos. Em todo caso, notemos desde agora, naquele século em que o pensamento é quase sempre ressecado pela abstração, um gosto pela coisa concreta, uma espécie de gênio artesão que o aproxima dos homens da renascença. Compreende-se a ação que devia mais tarde exercer tal mestre para um estudo da astronomia que empregava a esfera para explicar os movimentos do céu. Se foi ou não devedor aos árabes de sugestões ou de exemplos em relação a isso, é difícil de afirmar. Mas ele não devia senão a si próprio esse gosto particular pela obra manual, que o distingue dos filósofos de seu tempo. Mesma coisa para o uso do ábaco e para a difusão dos algarismos ditos árabes – que não são originalmente árabes, mas cujo emprego era corrente na Espanha muçulmana.

De qualquer forma, Gerberto conservou uma impressão profunda de sua estada na Catalunha, e permaneceu fiel às amizades que fizera ali e a seus mestres de Saint-Géraud. É a eles que se dirigia para obter certos manuscritos: rogava a Miro Bonfill, bispo de Girona e conde de Besalu, primo do conde de Borrell, que lhe enviasse o livro de Leão, o Sábio, sobre a multiplicação e a divisão (984), e é a Llobet, arquidiácono de Barcelona (975-992), que ele pedia o tratado de astrologia do qual talvez tenha se servido para compor um tratado sobre o astrolábio. Muitos anos depois, quando ele teve que deixar Bobbio, seu pensamento se voltou para esse meio que lhe era caro, e no qual tinha fiéis. Ficou tentado a se instalar ali (no fim de 984 ou no início de 985); Guarino, abade do mosteiro moçárabe de São Miguel de Cuixá, insistia nisso com ele. Solicita, numa carta que trai sua indecisão, o conselho desinteressado do abade Geraldo:[8] "Ora eu penso em ir ter com os príncipes espanhóis, como me aconselha o abade Guarino, ora me desvio disso pelas cartas da imperatriz Teofânia [...]".

Em março de 986, ele ainda hesita entre a corte imperial e a Espanha, como atesta uma carta ao abade Nitardo. Aliás, sabe-se que, no momento da morte do rei Lotário, ele foi nomeado secretário da rainha Ema. A Espanha lhe oferecia então o retiro da sabedoria, com amizades magníficas e esses livros pelos quais ele era ávido. Cuxiá, mais tarde o refúgio de São Romualdo e do doge Orseolo, não teria sido um asilo indigno de Gerberto.

---

8 Cf. F. Picavet, op. cit., p.33. (N. A.)

Mas seu destino, de acordo com suas tendências mais ou menos confessas, reservava a ele os perigos e a grandeza da vida ativa.

Assim, os laços que o ligavam à Catalunha permaneciam bem fortes, mesmo quando ele deixou a região. Permaneceu ali durante três anos, de 967 a 970. Antes de retornar à França, mas não a Aurillac, o conde Borrel e o bispo Hatto o conduziram a Roma. Eles iam a Roma para pedir ao papa a elevação de Vich em arcebispado, para destacá-lo de Narbonne, de quem o bispo de Vich era um dos sufragâneos. Essa tentativa se vincula aos esforços feitos pelos condes de Barcelona, vassalos do rei da França, para adquirir mais independência em relação à coroa. Assim, quando Borrell, no momento da grande invasão de Almançor, pediu ajuda e proteção a Hugo Capeto, este exigiu do conde que reconhecesse, por sua vez, seus deveres feudais, preliminarmente a todo entendimento militar. Mas a tomada de Barcelona data de 987, e é em janeiro de 971 que um diploma pontifical de João XIII atesta a presença dos viajantes em Roma. Foi então que começaram as relações de Gerberto com a casa de Saxe, relações que exerceriam uma influência muito profunda em sua vida. Ele soube agradar ao papa e ao imperador, não apenas pela extensão de sua ciência, mas certamente por um encanto pessoal que a leitura de suas cartas ainda hoje nos faz sentir. A amabilidade um pouco florida que elas contêm nos leva por vezes a pensar: que homem hábil! Mas esse hábil é também um mestre, e é verdade que ele estava disposto a amar – seus pais espirituais, seus amigos, seus patrões e, mais tarde, seus alunos.

Nessa época rude, entre almas tão duras, esse aquitano brilhante e suave nos faz pensar na elegância intelectual e moral dos mais belos dias da Roma antiga, quando os primeiros raios da Grécia começavam a aquecê-la e a lhe abrandar os rigores.

Cipião Emiliano e Lélio o teriam acolhido bem. Nessa Roma de sua juventude, uma Roma toda feudal, teatro das lutas que faziam se engalfinharem os barões do Lácio, um populacho frenético, um papado vacilante, o imperador saxônico, Gerberto, está muito mais em casa do que todos eles. Dizem que conquistou suas amizades ilustres pela astronomia, pela música, sobretudo porque lhes apresentava um tipo de homem que se tornara muito raro, ou melhor, quase extinto. O imperador e o papa se exortavam mutuamente a conservá-lo junto deles: não desejava Otão I se rodear, como Carlos Magno, dos sábios e dos letrados mais notáveis de seu tempo? Restaurar o império não seria também investir na restauração da cultura imperial? Por outro lado, um homem como Gerberto não era talhado para Roma e para a corte pontifical? No entanto, ele não seguiu nem uma nem outra dessas vias. Talvez tivesse sido o efeito de uma prudência insigne: o imperador morreu logo; nada mais instável do que esse papado agitado do século X. Há em todos os homens dessa envergadura um sentido oculto de seus destinos. Em todo caso, ele se julgava fraco na dialética e optou por completar sua formação longe dali.

A escola episcopal de Reims era então florescente sob Adalberão (969-989). Garannus, arquidiácono dessa famosa igreja, estava em Roma, enviado por Lotário, rei dos francos. Gerberto decidiu partir com ele. Sem dúvida, o imperador custeou a viagem. Durante o caminho, os dois letrados comunicavam entre si parte do que sabiam. Em matemática, Garannus fez progressos. Mas tinha a cabeça dura para a música.

## II

A partir desse momento, abre-se para Gerberto o período mais fecundo de sua vida, o mais autêntico, o mais rico em resultados, dez anos de ensino e de estudos durante os quais o "brilhante aluno" se torna, por sua vez, um mestre e começa uma espantosa carreira política.

Os viajantes chegaram a Reims no final de 972 ou no começo de 973 – de acordo com Richier, entre o concílio de Mont-Notre-Dame em Tardenois e a morte de Otão I (9 de maio de 973). Como outros homens desse período, que, tendo ultrapassado a primeira juventude, ou mesmo na idade madura, não temiam, como Abão de Fleury, voltar a se sentar nos bancos da escola, Gerberto, já conhecido, já rodeado de altas simpatias, volta a ser um aluno. Mas logo foi distinguido por Adalberão, que lhe confiou a direção da escola, nomeando-o escolástico ou, para empregar uma velha palavra de um sabor ao mesmo tempo pedante e camponês, "vedor". Vemos atuar aqui, com a mesma segurança, esse mesmo ascendente que já se tinha exercido sobre o abade Geraldo, o conde Borrell, os amigos catalães de Gerberto, enfim, João XIII e Otão I. O arcebispo de Reims pensava também que um mestre, tendo adquirido tanta celebridade na Aquitânia, na Espanha, na Itália, era feito para espalhar ao longe a reputação de suas escolas. Enfim, como estadista, Adalberão avaliava corretamente a estima que Gerberto havia adquirido na corte imperial, onde Otão II dava continuidade à mesma benevolência que havia concedido Otão I. Todas essas razões são excelentes. Mas, vista de fora, por espíritos pouco esclarecidos, de voo rasteiro e sempre confinados em baixas regiões, essa bela curva humana devia parecer suspeita. O feitiço do encanto, apenas, não podia explicar tudo. O que seria mais tarde quando o amigo do Demônio obtivesse as dignidades mais altas, enfim, a soberana dignidade! O fel de Abão é apenas ciúmes acadêmico. Ele prepara a imputação de feitiçaria. Estamos aqui no extremo oposto de Cluny e num plano superior ao da cultura carolíngia. Nos confins da Austrásia, Gerberto traz alguma coisa que não é o puro saber, mas um jeito, uma maneira de pensar e de fazer compreender. Talvez ele não tenha sido um desses homens que inovam bruscamente, que lançam uma luz ardente e concentrada em algum ponto da pesquisa. Mas espalhou uma luz pura e igual sobre todo o campo dos conhecimentos humanos de sua época. Teve esse dom superior, o talento, tão necessário quanto o gênio para os progressos da civilização, mas suspeito e mesmo execrado para o vulgo. Talento que para um professor consiste, antes de tudo, na arte de tornar vivo e amado o que ele ensina. O sucesso, odioso para os pedantes, que o julgam como um pecado mortal, é aqui o testemunho incontestável da superioridade e da eficácia.

    O ensino de Gerberto em Reims nos é conhecido, em sua forma e em seu espírito, pelo testemunho de Richier. Compreendia a lógica e a matemática, quer dizer, o Trivium, o ensino literário e filosófico, e o Quadrivium, ensino científico. A primeira das artes liberais, o primeiro ramo do Trivium, é a gramática, estudada em Donato, Prisciano e Marciano Capela. Os alunos que vinham a Gerberto já conheciam dela os rudimentos. Para retomar a expressão do biógrafo de Abão, a partir daí podiam atravessar a nado o imenso oceano de Prisciano, considerado nessa época a fonte do conhecimento do latim. Depois, abordavam a dialética, ciência na qual Gerberto se tinha aperfeiçoado ali mesmo, em Reims, e que comportava o estudo das *categorias* de Porfírio, as obras de Boécio sobre a lógica e os *Tópicos* de Cícero. Nada mais seco do que tal disciplina fundamentada na análise das *quinque res*,[9] o gênero, a espécie, a diferença, o próprio e o acidente, e das diversas formas de silogismo. Pelo menos, ela podia preparar espíritos perspicazes, flexibilizá-los, conduzi-los, senão ao exercício do espírito crítico, que repousa em princípios bem diferentes, ao menos à rapidez e à destreza do raciocínio. É nesse sentido que Gerberto parece tê-la compreendido, para além de definições que hoje nos parecem puramente verbais: ele conduzia seus alunos a um "sofista" que os treinava ao particular atletismo da discussão. Aqui aparece esse gosto do concreto que parece específico ao ensino de Gerberto e do qual iremos encontrar outras provas. Não são as noções em si mesmas que o interessam; é a maneira como elas são vividas pelo espírito. Ele emprega esses dados tão áridos para despertar e conduzir a atividade da inteligência: áridos, que seja, mas que constituem essencialmente a técnica do pensamento medieval, que não é medíocre, e é pelo desenvolvimento de uma técnica análoga, de uma dialética ou especulação sobre formas puras que verossimilmente se fez a escultura românica. De resto, quando lemos o pequeno tratado de Gerberto, *Libellus de rationali et ratione uti*,[10] só compreendemos seu verdadeiro sentido se o interpretamos como um jogo, quase puramente "ornamental", de seu espírito. Como podemos dizer que o ser racional emprega a razão, já que o racional está necessariamente contido no uso da razão? É preciso distinguir a potência e o ato. O ser racional

---

9 Cinco coisas. Em latim no original. (N. T.)
10 Éd. Olleris, p. 298, e J. Havet, *Lettres de Gerbert*, Paris, 1889. (N. A.)
   [*Libellus de rationali et ratione uti*: Pequeno livro sobre o uso racional e a razão. Em latim no original (N. T.)]

é definido pela razão – mas nem sempre ele a emprega... Exemplo dos problemas que Gerberto propunha a seus estudantes e dos quais ele próprio oferecia uma solução da mais elegante sutileza. O *Libellus* é talvez um "corrigido" ou uma "bela aula" que ele fez questão de conservar.

No entanto, há concordância em torno do pensamento de que a dialética não seja a disciplina em que ele deu toda a medida de sua originalidade, e sim, muito mais, na retórica, em que aparece como um príncipe do humanismo. Primeiro, renunciando aos manuais para recorrer às fontes. Quais? Os textos dos mestres que ele buscava incansavelmente conseguir, fazendo-os serem copiados nas abadias que possuíam exemplares. É um dos traços mais curiosos de sua correspondência, essa caça aos manuscritos à qual ele consagra tantos cuidados e tantas despesas, prometendo aqui uma larga indenização, e ali, um dos globos celestes que ele sabia fazer construir. Por seus cuidados, Terêncio, Virgílio, Horácio, Lucano, Estácio, Pérsio e Juvenal foram salvos, não para as delícias de um bibliófilo ciumento de seus tesouros, enriquecendo-os, ou para o deleite de um letrado que se esconde, mas para entrar na grande corrente do pensamento humano, para serem explicados diante homens jovens, a quem um tal mestre sabia comunicar o calor de suas admirações. Ele toma em suas mãos fortes e finas o vaso que santo Odilo viu em sonho. Não são serpentes que saem dele, mas sim uma sabedoria que um cristão pode e deve empregar em seu proveito. Ao mesmo tempo, esse gênio prático, tão bem armado para a ação, estimula seus alunos à palavra, e eles discorrem em latim: os *conciones*,[11] à maneira de Salústio, que Richier usa e põe na boca

---

11 Discurso, fala pública. Em latim no original. (N. T.)

dos personagens de sua história, para resumir uma situação, para explicar a psicologia de uma decisão ou de um acontecimento, devem-se certamente ao ensino de Gerberto. A arte de escrever a história conservará essa tradição até bem tarde, até o fim da idade clássica.

Mesmo se Gerberto tivesse apenas professado o trivium, seu nome teria seu lugar na história do espírito. Mas ele parece ter exercido uma influência não menos profunda pelo seu ensino do quadrivium, a matemática – ou seja, a aritmética, a música, a geometria e a astronomia. Empregando o ábaco, ele utilizava um procedimento conhecido desde o século V e praticado desde 970 em Espira. Ele mandou fabricar um ábaco por um artesão, assim como mil "caracteres" de chifre. Era uma espécie de máquina de calcular, análoga ao ábaco que conhecemos, mas compreendendo 27 casas em três colunas, uma coluna para cada série de nove cifras, uma para as unidades, uma para as dezenas, a última para as centenas. A cada cifra atribuía-se um valor diferente, segundo a coluna em que se encontrava, o cálculo tornando-se assim mais simples e podendo-se reduzir, ao menos para os virtuoses, a movimentos da mão. Apesar da ignorância do zero e das dificuldades das frações, pode-se dizer que os alunos de Gerberto, manipulando o ábaco como um instrumento de música, faziam "malabarismos" com os números. Isso explica o entusiasmo de Abão e seu verso ruim. Algumas operações permaneciam bastante longas e complicadas. Pedindo a seus correspondentes da Espanha o tratado de Leão, o Sábio, sobre a multiplicação e a divisão, Gerberto procurava enriquecer o método. Da mesma maneira ocorria na geometria. Temos um tratado dessa ciência que traz o seu nome, mas com uma escrita posterior ao manuscrito. Já se supôs, talvez com razão, que se trata do trabalho de um de seus alunos – quem sabe, um caderno de curso. Pitágoras, Eratóstenes, o *Timeu* e o comentário de Calcídio são citados nele. Mas Gerberto ignorava o grego. Como conheceu esses autores? Pelos árabes? Gerberto ignorava o árabe. Provavelmente por traduções judaicas em latim. Pfister e Picavet afastam essa hipótese sob o pretexto de que a viagem a Córdova é uma lenda. Na época deles, ignorava-se quase tudo da vida intelectual na Catalunha e da cultura moçárabe. Não era necessário ir a Córdova e saber árabe para entrar em contato com a ciência judaico-muçulmana. O texto relativo a Leão, o Sábio, prova-o suficientemente. Mas essa observação não diminui em nada o valor das observações relativas às velhas fontes dos *agrimensores*[12] romanos.

Não foi na geometria que Gerberto mais inovou. Nem na música. O que Richer nos diz a esse respeito faz pensar que, nesse campo, seu mestre devia quase tudo ao *De musica*[13] de Boécio. Foi pouco tempo depois da morte de Gerberto que o monge Guido d'Arezzo fez essa arte dar um passo decisivo, tornando mais simples, mais nítida, a leitura dos tons e dos semitons. Nem por isso Gerberto deixou de formar bons músicos, a exemplo do rei Roberto, que não somente gostava de cantar no facistol como, ao que parece, pôs em música hinos dos quais não havia composto o texto, já que se conhecia bem, antes dele, o *O constantia martyrum*,[14] que a rainha Constança, em sua candura, acreditou ter sido escrito para ela, porque ela havia pedido. Mas é a astronomia que, com a retórica, foi a parte mais brilhante

---

12 Em latim no original. (N. T.)
13 Título completo: *De institutione musica*, Fundamentos da música. Em latim no original. (N. T.)
14 Ó constância dos mártires. Em latim no original. (N. T.)

da docência de Gerberto. Ali, mais uma vez, não há dúvida de que ele tenha ido buscar nas fontes árabes: testemunha disso é a carta da tradução do tratado *De astrologia*.[15] Como na retórica, na dialética e na aritmética, Gerberto não era um teórico puro, mas um demonstrador que se apoiava em dados tangíveis. Para tanto, fez construir esferas sobre as quais Richer nos informa com um prazer entusiasta: primeiro, uma esfera cheia, de madeira, sobre a qual ele anotou os pontos nos quais os astros nasciam e se punham, várias esferas armilares que mostravam o deslocamento deles no céu; por fim, uma esfera oca munida de vários tubos, dentre os quais um permitia determinar os polos, e os outros, girando em volta desse, dirigiam o olhar e o fixavam num lugar bem preciso.[16] Esses globos de Gerberto tornaram-se célebres. Pediam-nos a ele em troca de manuscritos, mas era preciso ser paciente, pois ele não escondia que a construção deles demandava muito tempo e trabalho.

Este resumo nos oferece uma visão completa do ensino e da ciência de Gerberto? Certamente não, pois alguns de seus alunos demonstram curiosidade e conhecimentos médicos. Nos estudos jurídicos, ele parece ter sobretudo praticado o direito canônico, mas não ao ponto de discernir as falsas decretais que opuseram a ele e que ele admitiu como autênticas, mas discutindo-as com toda a flexibilidade de seu atletismo intelectual. Enfim, foi também teólogo se, pelo menos, de fato é a ele que devemos o tratado *De corpore et sanguine Domini*,[17] em que o autor toma uma posição intermediária entre os partidários da

---

15 Sobre a astrologia. Em latim no original. (N. T.)
16 Richer, op. cit., Livre III, cap.L-LIII; cf. C. Pfister, op. cit., p.31, e F. Picavet, op. cit., p.74 e ss. (N. A.)
17 Sobre o corpo e o sangue do Senhor. Em latim no original. (N. T.)

presença real e aqueles que, como Rábano Mauro, consideram o pão e o vinho como os símbolos da Igreja, corpo de Cristo. Não é em escritos desse tipo que devemos buscar a essência do gênio de Gerberto, assim como não em sua brilhante dissertação sobre o racional e o uso da razão. Mais sérios são seus escritos matemáticos. Mas, sobretudo, é na maneira como ele viveu as curiosidades de sua inteligência e as compartilhou com grande parte das elites de seu tempo que se define seu papel e que se desenha sua natureza. Um mestre vale tanto pelos seus alunos quanto por suas obras. Na primeira linha dos homens que Gerberto formou está Richer, sem o qual não conheceríamos como se deve o grande professor da escola de Reims. Foi sob o conselho de Gerberto que ele decidiu escrever a história de seu tempo, cujos quatro livros abraçam o período que vai de Carlos, o Gordo, e do rei Eudo até o ano de 995. É uma fonte inestimável para os anos posteriores a 969, e sobretudo para a revolução que levou Hugo Capeto à realeza. Richer ainda vivia em 998. Depois dessa data, nada sabemos dele. Tinha conhecimentos de medicina, pois, em 991, fez a difícil viagem de Reims a Chartres para conferenciar com o monge Hériband e para consultar certos manuscritos sobre medicina. Por outro lado, Pfister nota, com razão, o lugar dado por Richer à descrição das doenças que mataram os personagens de sua História. Um outro aluno de Gerberto, Fulberto, começou sendo médico: mas foi como tesoureiro de Saint-Hilaire de Poitiers e, sobretudo, como bispo de Chartres que deixou um traço forte, não apenas na vida política, em que nós o vemos envolvido em mais de um acontecimento sob o rei Roberto, mas também na história da cultura, pelo brilho que obteve a escola de Chartres sob seu episcopado, e na história da arte, pela catedral que mandou construir e que foi destruída pelo fogo em 1194. Abão de Fleury, já vimos, foi a Reims buscar os conhecimentos que ainda lhe faltavam. Ao redor de Gerberto se juntavam muitos outros homens que deviam ser marcantes na vida monástica ou no episcopado – Ingon, abade de Saint--Germain-des-Prés, de Saint-Pierre-le-Vif de Sens e de Massay (fundada no ano mil), Gerardo, bispo de Cambrai, Adalberão, bispo de Laon, homônimo do arcebispo de Reims e que o povo chamaria, um dia, de "o velho traidor", e por fim Liétry, que Roberto iria elevar ao arcebispado de Sens no ano mil. Tais foram os companheiros de juventude daquele que seria o rei Roberto, pois foi a Gerberto que Hugo Capeto e Adelaide confiaram seu filho. Foi junto dele que o jovem adquiriu seus títulos, não o apelido bastante absurdo de "Piedoso" que lhe foi outorgado, pondo fé em Hélgaud, seu biógrafo muito tacanho, por nossos velhos historiadores, mas, ao contrário, aquele que vemos ser atribuído a ele por algumas cartas, embaixo das quais se lê *regnante Roberto rege theosopho*[18] – expressão que poderia ser traduzida bastante bem por: o filósofo cristão.

Cessemos de considerar como absolutamente bárbara uma época que nos mostra o herdeiro dos duques de França entre os alunos de Gerberto, esses jovens intelectuais que ele escolherá mais tarde para seus grandes comandos de Igreja. Meçamos não apenas o valor intrínseco, mas a amplidão de um ensino que, na véspera do ano mil, prepara tais quadros para a França capetiana. O renome de Gerberto ultrapassava os limites da França, estendia-se até a Itália e Alemanha, onde despertou os ciúmes de Otric de Magdeburgo. Este era um dos sábios do entorno

---

18 Reinando Roberto, rei teósofo. Em latim no original. (N. T.)

de Otão I e mestre de santo Adalberto, o apóstolo da Boêmia. Ele pensou poder flagrar Gerberto em erro a respeito da classificação das ciências, e, para sustentar suas imputações, mandou um de seus alunos tomar notas no curso de Gerberto. Com as provas na mão, comunicou essa divergência de vistas a Otão II, sem dúvida com a esperança de enfraquecer o crédito de seu rival na corte imperial, onde este último era conhecido e amado havia muito tempo. O imperador convocou Gerberto e Ostric em Ravena para fazê-los argumentar em sua presença: longo debate dialético do qual Richier nos conta toda a história e do qual Gerbert não parece ter saído diminuído. Isso aconteceu por volta do Natal de 980. Otric morreu no ano seguinte, no dia 1º de outubro, e não teve a amargura de ver seu contraditor prosseguir na glória, não apenas em sua carreira magistral, mas na espantosa fortuna que devia elevá-lo ao pontificado. As pessoas esquecem o que há de pouco nobre naquela espécie de espionagem à qual se rebaixou Otric, para reter, como um traço interessante na história moral da época, essa conferência de Ravena na qual o imperador preside em pessoa um debate de filosofia pura.[19]

## III

Então se abre para Gerberto um período novo. Ele não cessa de ser um homem de pensamento, mas ingressa em uma vida feita inteiramente de ação, cheia de dificuldades, de avessos, de inquietações. A conferência de Ravena lhe opunha apenas um

---

19 Sobre o debate de Gerberto e de Otric, ver F. Picavet, op. cit., p.45-7. (N. A.)

confrade descontente. Ele vai se chocar agora com adversários mais rudes. Seu destino é daqueles que só tomam seu voo nos combates. Ele está pronto para isso, armado para outras lutas além das rivalidades intelectuais. Não nos agradaria vê-lo constantemente feliz.

Foi no final de 982, ou no início de 983, que ele foi nomeado abade de Bobbio, na Lombardia. Ao chamá-lo para governar a ilustre fundação de São Columbano, Otão II dava ao escolástico de Reims uma nova marca de sua amizade. Bobbio era considerável por seus bens, e mais ainda, talvez, por sua celebridade antiga, por sua biblioteca, pelas viagens desses *peregrini Scotti* que, vindos da Nortúmbria e da Irlanda, propagavam nos *scriptoria* monásticos os exemplos e os princípios da decoração de seus belos evangeliários. A biblioteca de Bobbio, nós o sabemos, foi para Gerberto uma grande fonte de alegrias. Para a época, ela era enciclopédica: os mestres da Antiguidade profana figuravam nela, junto com os Pais da Igreja, os poetas, Virgílio, Horácio, Ovídio, Juvenal, Claudiano, com os oradores e os filósofos, Cícero e Sêneca, até Lucrécio, então e por tanto tempo tão obscuro. As ciências – a astronomia, a medicina – acompanhavam aí as letras. Mais tarde, quando Gerberto deixou Bobbio, pensava ainda nessas riquezas, não com uma estéril nostalgia, mas para espalhar seu benefício. A um de seus fiéis, o monge Rainard, ele escreveu, confidencialmente, esta carta encantadora e hábil: "Peço-lhe com insistência uma única coisa, que não lhe causará nem perigo nem prejuízo e que estreitará ainda mais os laços de nossa amizade. Você sabe com que ardor eu busco livros em todos os lugares; você sabe também como há copistas, em todos os lugares, nas cidades e nos campos da Itália. Mãos à obra, portanto, e façam transcreverem para mim, sem que os outros saibam, a Astronomia de Mânlio, a Retórica de Vitorino, o tratado de Demóstenes sobre a oftalmia. Eu assumo, meu irmão, o compromisso de conservar um silêncio inviolável a respeito do serviço que você me prestará. Todas as despesas que você tiver, devolverei com juros, no local em que me escrever para fazê-lo e na época que determinar".[20] Mas, mesmo em Bobbio, ele não perdia de vista sua biblioteca de Reims: "Que corrijam o Plínio, escrevia a Airard de Saint-Thierry, que nos enviem Eugráfio, que copiem os manuscritos que estão em Orbais e Saint-Basle...".

Nada consegue dominar esse furor de paixão, e vemos, mais uma vez, do que essa vida é feita: podemos virá-la de qualquer lado, e mesmo se nos limitamos a um de seus aspectos, ela serve o espírito com uma espécie de encarniçamento que nem mesmo os cardeais do Renascimento conheceram, como os Bessarion, os Enea Silvio Piccolomini.

Mas o governo da abadia lhe dava imensas preocupações. Apesar do brilho de seu nome, ele fora acolhido como uma criatura do Império. Como sempre, soube criar devotadas afeições. Mas seu predecessor, Petroaldo, conservava seus partidários. Os italianos desconfiavam de Gerberto e ele não amava os italianos. Com um laconismo enérgico, em que se adivinha sua amargura, corrigia assim os versos de Virgílio: *Fruges, non viri*[21] — os bens da terra, sim, mas dos homens, não. As vastas propriedades de Bobbio eram pilhadas por seus vassalos. Em vão, o novo abade tentou fazer valer os direitos de seu mosteiro. Pedro, bispo de Pavia, lhe propôs uma entrevista. Ele recusou. "Sequestrem, roubem,

---

20 J. Havet, op. cit., Epist. 7,8,9; cf. F. Picavet, op. cit., p.120 ss. (N. A.)
21 Frutos, não homens; ou antes, ideia de que posses materiais e recursos são mais importantes do que indivíduos ou qualidades pessoais. Em latim no original. (N. T.)

excitem contra nós as forças da Itália. O momento é favorável: nosso mestre está ocupado com a guerra..."[22] Onde buscar um apoio? Otão amava Gerberto, porém, mais do que nunca, tinha necessidade, para seus vastos projetos, de se reconciliar com os italianos. Quando morre, no dia 7 de dezembro de 983, todo apoio falta ao abade de Bobbio, que não pode contar com o papa, o antigo bispo de Pavia. Volta para a França, deixando a abadia a Petroaldo, mas sem renunciar a seus direitos. Alguns de seus monges lhe permaneceram fiéis, vindo mesmo visitá-lo em Reims. Seis anos mais tarde (989), ele escreve que Petroaldo é um tirano, no sentido próprio do termo, ou seja, um usurpador. Entretanto, quando se torna papa, ele o confirma no governo de Bobbio. Ocorre que Gerberto é ao mesmo tempo uma grande alma e um político: não se obstina sobre um fracasso antigo.

A morte de Otão II deixava uma situação complicada. O filho que ele tivera com Teofânia tinha três anos. Henrique, duque da Bavária, e Lotário, rei dos francos, aspiravam à tutela, um para se tornar mestre da Alemanha, o outro para concluir a política dos reis carolíngios em relação à Lorena. Esse vasto país, que compreendia não apenas a Lorena Moselana, mas ainda a Baixa Lorena, quer dizer, a região compreendida entre Flandres e o Reno, permanecia o objeto essencial de suas reivindicações e, se é possível dizer, o fundo do irredentismo carolíngio. Mas o Império mantinha ali seus direitos e conservava devoções. Na estrutura de uma sociedade feudal, as situações pessoais são por vezes muito complicadas. Adalberão, arcebispo de Reims e vassalo, por esse título, do rei dos francos, pertencia a uma família da Lorena. Tinha sido educado na abadia de Gorze na

---

22 J. Havet, op. cit., Epist. 5; cf. F. Picavet, op. cit., p.53. (N. A.)

diocese de Metz. Enfim, Bruno, irmão de Otão I e arcebispo de Colônia, lhe tinha cedido o condado de Hainaut. Ele era favorável ao Império e seu amigo Gerberto, cliente da casa de Saxe, seguia os mesmos caminhos. Nas contestações suscitadas pela minoridade de Otão III, ambos buscaram obter a neutralidade do duque de França. Tentaram desviar Lotário de suas intenções. Mas este último já estava marchando para Verdun. Foi então que pensaram em derrubar a dinastia carolíngia e substituí-la pela poderosa linhagem dos grandes senhores que, em seus ducados e na França, exerciam uma autoridade quase real. É aqui que se encaixa a famosa carta de Gerberto a um correspondente desconhecido: "Eu lhe escrevo com poucas palavras uma carta enigmática: Lotário é rei da França apenas no nome; Hugo, é verdade, não o é de nome, mas o é de fato. Se procura sua amizade e se vincular o filho dele ao filho de César, não terá mais como inimigos os reis dos francos".[23] Em verdade, era servir à causa da França querer substituir uma dinastia gasta, apesar de ter chefes enérgicos, por uma dinastia forte, mesmo ao preço do abandono – provisório – de uma política lorena? Em todo caso, se a política de Adalberão, arcebispo de Reims e chanceler da coroa, é ambígua, a de Gerberto não o é. A morte de Lotário, no dia 2 de março de 986, a de seu filho Luís V, em maio de 987, resolveram a situação. No mês de junho do mesmo ano, Hugo Capeto, eleito na assembleia de Senlis, foi sagrado em Noyon. No Natal seguinte, fazia sagrar seu filho em Orléans. Assim tomavam corpo na história as visões políticas de Gerberto. Fica claro que Gerberto não buscava a grandeza do Império às custas da França, à qual dava, ao contrário, uma nova força: fiel

---

23 J. Havet, op. cit., Epist. 48. (N. A.)

ao mesmo tempo ao seu aluno de Reims e ao filho de Otão II, ele tendia para o equilíbrio do Ocidente.

Essas largas visões de estadista, secundadas pelos acontecimentos que lhe asseguram um sucesso tão rápido, davam a Gerberto uma autoridade moral incontestada. Ele tinha sido a alma dos arranjos de Adalberão e o que não tinha podido fazer ou dizer pessoalmente o arcebispo de Reims, chanceler de França, Gerberto se encarregava de fazê-lo. Ele tinha feito e desfeito reis. Tornando-se secretário de Hugo Capeto, ele podia agir nos negócios da monarquia. A afeição de Adalberão e a gratidão do príncipe lhe garantiam a constância da fortuna. O arcebispo pensava nele como seu sucessor e até o havia designado como tal. Adalberão morre em 23 de janeiro de 989, e não foi Gerberto o nomeado. Por uma estranha viravolta, foi nomeado Arnulfo, bastardo de Lotário. Busca-se em vão compreender as razões dessa escolha, pouco política e pouco honrosa para Hugo Capeto, que havia sido elevado à dignidade real por Gerberto, contra a família de Lotário. Esta não se resignava em ser derrotada: Carlos, duque de Lorena, antigo concorrente de Hugo Capeto – e legítimo herdeiro –, era o tio de Arnulfo. Talvez o rei da França tenha esperado, fazendo deste último o bispo, conquistar o apoio do sobrinho contra o tio e assim dividir os carolíngios? Logo houve um desmentido. Em 988, o duque Carlos conquistava Laon, a velha acrópole carolíngia, refúgio de Ema, viúva de Lotário. Sitiado duas vezes pelas tropas reais, ele se manteve ali. Em uma noite de agosto de 989, ele toma Reims de surpresa, com a cumplicidade de Arnulfo. Esse ato de violência foi o último estremecimento de uma raça condenada. Que parte Gerberto tomou nisso? Depois da elevação de Arnulfo ao arcebispado de Reims, Gerberto havia permanecido junto dele. Ele ainda era, pelo menos de nome, abade de Bobbio, e, de fato, escolástico e secretário do prelado. Não apenas ele se dobrou sob Carlos, como também serviu aos desígnios dos dois conjurados. Seguia o lema de Terêncio, mais sábio do que elevado: "Se não podes o que queres, queira o que podes". Em realidade, foi um momento ruim de sua vida. Estava doente, perdido. A ingratidão e, mencionemos, a estupidez de Hugo Capeto nessa circunstância podem nos ajudar a compreendê-lo, se não a desculpá-lo. Foi dito também que, enquanto abade-conde de uma grande abadia italiana, à qual havia sido designado por Otão II, ele só tinha deveres feudais para com o Império. O que causa pena é vê-lo romper com sua grande linha política incontestavelmente francesa e pró-capetos. Nunca poderíamos acreditar que ele fosse um vulgar aventureiro que se vinga de uma decepção e que tenta sua sorte. É seguro que ele sofreu muito com esse episódio e se apressou em pôr um ponto final nele assim que o pôde. É curioso que Gerberto seja levado a isso por um príncipe carolíngio, filho de uma irmã de Lotário: nós já o conhecemos, é Bruno de Roucy, bispo de Langres. Portanto, ele fez as pazes e o rei compreendeu seu erro.

Em 991 termina a aventura do pretendente loreno. Na noite do Domingo de Ramos, Laon cai, entregue por seu bispo, Adalberão ou Ascelino, que há pouco tinham-se vinculado pelos compromissos mais sagrados à causa dos dois carolíngios, e que traiu Arnulfo como Arnulfo havia traído Hugo Capeto. O duque e o arcebispo ficam aprisionados em Orléans, depois o prelado é obrigado a comparecer diante de um concílio reunido em Saint-Basle. Arnulfo foi condenado por sua traição, degradado e aprisionado mais uma vez. Mas um concílio nacional tinha o direito de tomar essa decisão sem o consentimento da

Santa Sé? Já vimos o que os bispos pensavam do soberano pontífice. Abão de Fleury, intérprete dos monges contra os bispos, sustentou os direitos do papa apoiando-se nas Falsas Decretais.[24] Gerberto os combateu. Foi eleito arcebispo.

## IV

O erro dos hagiógrafos é crer que tudo é grande numa grande vida. No plano humano, as misérias e as pequenezas com as quais Gerberto se debate doravante não o diminuem. Mas é triste ver o arcebispo de Reims, chanceler de França, disputar seu título ao papado e ao próprio rei de França. Ele detestava essas contestações que o arrancavam aos mais altos pensamentos. Teria preferido, ele nos diz, lutar contra pessoas armadas. Entretanto, trazia nessas lutas, tão estéreis para o espírito, toda a firmeza, todo o rigor, todos os recursos de sua dialética. Já o relato de Saint-Basle nos faz sentir toda a extensão e habilidade de seu espírito.[25] Teria sido redigido a partir de uma estenografia, como pensa Julien Havet? Não é impossível que ele tenha aprendido o procedimento na Itália, quando fora empregado pelos notários. Mas tenho dificuldade de acreditar que os debates do concílio tenham apresentado essa elegante unidade. O discurso do bispo de Orléans, por exemplo, cujo conteúdo não

---

24 Ou Decretos de Pseudo-Isidoro, falsificações de leis, numerosas e influentes, feitas por alguns clérigos no segundo quarto do século IX, de documentos que tiveram enorme influência sobre a legislação da Igreja. (N. T.)

25 Cf. Olleris, *Oeuvres de Gerbert*, p.213; sobre o concílio de Saint-Basle, cf. E. Amann e A. Dumas, *Histoire de l'Église*, v.VII, Paris, 1948, p.70-3. (N. A.)

pode ser contestado, é uma bela arenga muito digna da pena de Gerberto. Essa beleza e essa vivacidade de forma nada retiram, aliás, da autenticidade histórica de um tal documento, redigido por uma tal testemunha.

De todo modo, o legado do papa tinha ouvido seu mestre ser tratado com uma veemência que aumentou a cólera de João XV, indignado de ver seu direito ignorado. Este tentou fazer com que prelados alemães e lorenos interviessem em Aachen, em Inghelheim, onde ele conseguiu obter uma condenação das decisões de Saint-Basle. Então, ele excomunga Gerberto. Mas o concílio de Chelles decide que não se deve obedecer ao papa quando o papa é injusto. É então que se maquina a soberba empreitada do concílio de Mouzon. O papa necessita de alguns bispos franceses e, sobretudo, de uma maioria alemã que não seja impressionada pelos reis de França. Mouzon, cidade fronteiriça, dependia de Reims do ponto de vista eclesiástico e, politicamente, da Lorena. Hugo Capeto proibiu a seus bispos de participarem dele. Gerberto foi sozinho (em 995), e pronunciou um discurso cujo texto foi contestado.[26] Mas seus esforços não conseguiram nada de preciso. A assembleia se separou, decidindo a reunião de um outro concílio que ocorreria em Roma, e que nunca aconteceu.

Não parece que a paciência de Gerberto tenha se esgotado por essas manobras e por esses meandros de uma política de astúcia que também não abalava o episcopado francês. Mas, com o jovem Otão III indo a Roma para receber ali a coroa imperial, o arcebispo de Reims decidiu acompanhá-lo para defender

---

26 Sobre o concílio de Mouzon, cf. E. Amann e A. Dumas, op. cit., p.73-4; textos em Richer, *Historiarum libri IV*, Livro IV, cap.CI-CIV. (N. A.)

sua causa pessoalmente junto ao papa (997). Essa intenção não é apenas cheia de grandeza, ela é extremamente hábil, pois a circunstância da coroação e a amizade de Otão III servem aos interesses de Gerberto. Nesse entrementes, a sorte muda, e muda favoravelmente. João XV morre. É substituído por um parente de Otão III, Gregório V. Mas a sorte muda mais uma vez: a morte de Hugo Capeto priva Gerberto de um mestre que, desde a reconciliação, havia sempre lhe dado seu apoio.

Roberto lhe sucede, e Roberto é o antigo aluno de Gerberto. Ainda é possível jogar essa carta, nobremente. Roberto não presidiu o concílio de Chelles? Como seu pai, não conhece o peso que tiveram a influência de Gerberto, seu gênio, sua habilidade política ainda há pouco — dez anos mais cedo — nos destinos da dinastia? Mas Roberto amava Berta, sua parente. O consentimento do papa lhe era necessário, aliás, para uma união que corria o risco de ser condenada pela Igreja, como de fato o foi, e contra a qual, nos diz Richer, Gerberto se pronunciou com honestidade. Além disso, Roberto tinha amizade por Abão, que vimos pronunciar-se em Saint-Basle contra Gerberto, por várias razões, algumas canônicas, extremamente fracas, porque apoiadas em textos falsos, outras políticas e brotando na oposição de monges e bispos, outras, enfim, que vinham de um certo azedume pessoal. Foi Abão que, a pedido do papa, aconselhou Roberto a soltar Arnulfo. Excelente golpe desferido contra os bispos de Saint-Basle por um monge amargo e hábil (novembro de 997).

Gerberto soube disso na Alemanha, para onde tinha ido depois de uma breve viagem pela França. Reims já não o atingia. Seus inimigos fomentavam ali, contra ele, a agitação dos soldados e dos clérigos. Aquele clima tão belo que ele havia criado e carregado nas costas durante dez anos decaía por causa da política e da barbárie. Na corte de um imperador de 17 anos, cheio de entusiasmo pelo estudo e pelos belos pensamentos, e cujos pais haviam sido, sem falhar, seus amigos e benfeitores, Gerberto se sentia entregue à sua verdadeira vocação de espírito, e é de sua poderosa vida espiritual, de sua paixão de humanista pela grandeza da Roman antiga, assim como de sua devoção à casa de Saxe, que ele devia extrair a mais audaciosa concepção da estabilidade europeia. Otão lhe pedia para formá-lo. Desde o fim de 997, respondendo ao envio da Aritmética de Boécio, um belo exemplar sobre o qual Gerberto havia escrito três poemas, Otão lhe dirigia uma carta cheia de ilusões, terminada por um pequeno poema rítmico e rimado, sua primeira composição poética. Pedia a ajuda de Gerberto para completar sua instrução negligenciada, para que ele o ajudasse a se livrar de sua rusticidade saxônica despertando sua finura grega original. É com orgulho que ele evoca a Grécia, pátria de sua mãe, lamentando sua rusticidade saxônica: *"Volumus vos Saxonicam rusticitatem abhorrerre, sed grecsicam nostram subtilitatem ad id studii magis vos provocare"*.[27]

Esse príncipe magnífico e delicado doava a Gerberto o domínio de Sasbach, na Alsácia, levava-o à Itália, em que revoltas tinham eclodido em Roma. Foi lá que receberam a notícia da libertação de Arnulfo, cuja reinstalação no arcebispado de Reims não causava mais dúvida. Chamando Gerberto para o arcebispado de Ravena, Otão pôs fim com grandeza a uma situação sem saída. O papa só podia confirmar uma escolha que

---

27 ["Dispa-me de minha rusticidade saxônica, desenvolva o que conservo de minha origem grega." Em latim no original. (N. T.)]. J. Havet, op. cit., *Epist.* 186-187; cf. Picavet, op. cit., p.105 (N. A.)

*O ano mil*

livrava Reims definitivamente. Em abril de 998, o novo arcebispo de Ravena tomava posse de sua cátedra.

Como deixaríamos de deter nosso pensamento nesse instante da vida de Gerberto onde se pode dizer que ele encontrou o termo mais nobre de suas tribulações, nessa cidade em que se uniam, às lembranças dos últimos imperadores, aos últimos traços da majestade romana, aos vestígios de uma outra grandeza, o esforço de Justiniano para restituir ao Mediterrâneo a unidade imperial? Mais do que em Aachen, longínqua capital do Norte, mais do que na própria Roma, dilacerada pelas facções, o espírito mais pleno do século X podia sonhar lá, senão com a continuidade da história, ao menos com a possibilidade de uma ressurreição. Tudo o conduz a isso, uma tradição secular, os próprios monumentos, a cátedra de marfim de Maximiano, decorada com relevos helenísticos e na qual, por sua vez, Gerberto também estava estabelecido. Subsistia ainda em Ravena um humanismo que devia despertar em forma de heresia, se devemos acreditar em Raul Glaber, que sem dúvida deforma os fatos com seus preconceitos cluniacenses. Vilgardo viu, em sonho, Virgílio, Horácio e Juvenal, suscitados pelo demônio. Agradeceram a seu discípulo pelo cuidado que ele tinha com a glória deles e prometeram associá-lo a ela. A partir daí, Vilgardo pregou os poetas antigos como um novo evangelho. Glaber nos diz que os sectários do heresiarca foram numerosos na Itália e que foi preciso extirpá-los a ferro e a fogo. Vilgardo de Ravena é apenas um episódio, ao mesmo tempo doloroso e encorajador, na longa história dessa dedicação a um passado desaparecido, da qual Gerberto havia, em Reims e em outros lugares, dado, ele próprio, tantas ilustres provas.

Sabemos pouca coisa, na verdade, do ano que ele passou em Ravena, a não ser que induziu, em sua administração, os princípios de ordem e de regularidade que, muitos anos antes, tinha tentado impor, sem sucesso, à indisciplina italiana de Bobbio. Ele continuava como abade dela. Fez restituir ao mosteiro os bens dilapidados e encurtar os arrendamentos de longo prazo. Reuniu em concílio os bispos de sua arquidiocese para determinar medidas referentes à disciplina do clero. Vindo de um lugar em que reinava essa virtude, segundo o abade de Hersfeld, ele buscava propagar seu benefício. Não devemos imaginar Gerberto como um puro intelectual, contente num último asilo, entre grandes leituras e belos livros. Em todo lugar para onde é chamado, faz melhor do que preencher exatamente os deveres de seu posto, tem o gosto e o dom da ação levado até o combate. E é sem dúvida essa união de um elevado pensamento e de uma vontade construtiva que nos oferece a chave de seu destino, e que nos explica, definitivamente, o papa do ano mil.

Tendo Gregório V morrido em fevereiro de 999, o arcebispo de Ravena foi chamado a sucedê-lo. Monge em Aurillac, estudante, depois escolástico em Reims, amigo de Aldaberão, secretário da rainha Ema, secretário de Hugo Capeto, abade de Bobbio, arcebispo de Reims contestado pelo papado, abandonado pelo rei, conselheiro de um jovem imperador, enfim, por ele elevado a uma das mais altas dignidades da Itália – que vida mais rica poderia nos oferecer a história, que melhor preparação na própria adversidade, para o exercício do poder soberano? Ele conhece a diversidade dos povos, a Aquitânia, a Espanha, a França do Norte, a Itália, a Alemanha. Seu saber abarca todos os conhecimentos de seu tempo. Ele fez e desfez reis. Por uma revolução dinástica, sonhou em conciliar a França e a Germânia. Tentará um plano ainda mais vasto buscando restaurar o império de Constantino. O amo que lhe oferece essa oportunidade é um jovem príncipe feito para compreendê-lo e penetrado por seu pensamento. O imperador era, então, senhor da tiara. Colocando-a sobre a cabeça de Gerberto, ele não prendia uma "criatura" sua. Nem mesmo se oferecia um hábil auxiliar para continuar a política italiana dos Otões. Os vínculos que unem o adolescente e o homem maduro são de outro tipo. Correspondem a um desejo mais elevado, que ilumina em parte a bela carta da qual citamos, há pouco, uma passagem. É em Roma que ambos buscaram a realização. É em Roma que devemos estudá--los doravante, até aquela triste noite do ano 1002, na qual a morte do jovem César pôs fim ao sonho do império universal.

# IV
# O Império do Mundo

## I

No ano mil, no dia de Pentecostes, na velha capela palatina de Aachen, o jovem imperador Otão III,[1] que acabara de ser coroado em Roma, contempla os despojos de Carlos Magno, cuja localização, esquecida, ele mandara procurar. O fundador do Império não está sentado num trono, com o cetro e o globo na mão, como quer a lenda. Repousa num sarcófago antigo, com uma cruz de ouro no pescoço. Essa entrevista fúnebre contribui para a grandeza dos tempos. Na história da ideia imperial, ela encontra seu lugar, não como um episódio estranho, mas como um fato rico de sentido. Não é a posse de um vão título que Otão III quer, mas, renovando uma tradição secular, tomando Carlos Magno como exemplo, ele quer a restauração do império

---

[1] Para todo esse capítulo sobre Otão III, cf. A. Fliche, *L'Europe occidentale de 838 a 1125*, Paris, 1930, p.218 ss.; M. Ter Braak, *Kaiser Otto III, Ideal und Praxis in frühen Mitteralter*, Amsterdam, 1928; E. P. Schramm, *Kaiser, Rom und Renovatio (Studien der Bibliotek Warburg*, v. XVII), Berlin, 1929, 2 v. (N. A.)

universal, *imperium mundi*.² Seu pai e seu avô já tinham vindo receber as coroas e as honras imperiais na Cidade Eterna. Mas esses chefes de bandos germânicos acampados no monte Mario consideravam o Império como um bem de suas linhagens e como uma força para a Alemanha. Eles não tinham a dimensão de toda a perspectiva. Muitas vezes, no encarniçamento das guerras italianas, esse fardo era bem pesado. O filho da grega, aluno de Gerberto, nutria um objetivo mais vasto – dar ao título que decorava os césares saxônicos o duplo prestígio da santidade, pela estreita união de coração e de virtudes com a igreja, e da romanidade, irradiando da própria Roma sobre a Romênia. Carlos Magno não havia sido um santo? É ao santo imperador, ao novo Constantino, que Otão III dirigia seus pensamentos e suas preces, naquele dia de Pentecostes, diante da ossada redescoberta.

A deposição e a morte de Carlos, o Gordo, marcam o final do Império carolíngio (888). Ele se desloca, e cada reino nascido de seus restos adquire, através de horríveis desordens, uma vida política independente. O título ainda permanece por algum tempo, usado sucessivamente por Arnulfo, rei da Alemanha, carolíngio, mas bastardo, por Luís e por Berengário, reis da Itália. Depois do Império, a dignidade imperial, que sobrevivia fracamente a uma realidade política desaparecida, também cai. Nem a Alemanha, nem a Itália, nem a França, onde se mantém a linhagem carolíngia, buscam ressuscitá-la. Mas, afastada da vida pública, ela não se apagou da memória dos povos. Lamberto de Espoleto, no final do século IX, tinha fixado a doutrina em seu *Libellus de imperatoria potestate*,³ acolhido favoravelmente pelos

---

2 "Império do mundo." Em latim no original. (N. T.)
3 Pequeno livro sobre o poder imperial. Em latim no original. (N. T.)

italianos.[4] Na metade do século seguinte, Adso de Montier-en--Der, dirigindo-se a Gerberga, rainha da França, afirma que o mundo não poderia perecer enquanto existissem reis francos, pois a dignidade imperial está neles. Notável texto, sobre o qual já insistimos, e que tem o interesse não apenas de mostrar a permanência da ideia imperial, mas também de uni-la estreitamente à monarquia franca e à família carolíngia. Ao mesmo tempo, a lenda de Carlos Magno, em suas formas primitivas e populares, começava a nascer, e Bento do Monte Soratte fornecia a versão mais antiga de um famoso episódio dessa vida lendária, a viagem a Jerusalém. Roma permanecia profundamente mesclada a essa nostalgia. Cidade da coroação, túmulo dos apóstolos, ela era o objetivo de numerosas peregrinações: Flodoardo o atesta para os anos 931-940. A ideia imperial e a ideia romana, pode-se dizer, quase não se separam uma da outra. Elas consolavam por uma lembrança e por uma esperança as grandes tristezas do mundo.

Assim, uma tradição, uma lenda, uma nostalgia, preparavam o retorno ao Império. Podemos ficar surpresos que ele não tenha ocorrido na França, velha terra carolíngia sobre a qual reinavam ainda enérgicos carolíngios, esse país dos francos, cujos reis, diz Adso, traziam em si a dignidade imperial. É difícil acreditar que isso tenha sido um apelo, uma alusão de intelectual isolado. Talvez nossos reis tivessem então mais coragem do que imaginação. Estavam absorvidos pelas lutas dinásticas, às quais a revolução de 987 pôs fim em proveito dos capetos. Quanto à Itália, estava dilacerada e bem longe de reivindicar o Império. Entrementes, a casa de Saxe crescia na Alemanha.

---

4 Sobre esse texto, ver A. Lapotre, *L'Europe et le Saint-Siège à l'époque carolingienne*, Paris, 1895, v.I, p.192 ss.

No campo de batalha de Riade, em que o duque Henrique I havia esmagado os húngaros, seus soldados o aclamavam com os gritos de "Viva o imperador!". É o presságio da fortuna que espera seu filho Otão I, coroado rei em 936. Pensava-se, desde esse momento, reerguer a dignidade imperial? O certo é que o cerimonial de 936 é franco e que o bispo de Mainz, ao apresentar a espada, pronuncia estas palavras: "Recebe este gládio com o qual expulsarás todos os adversários do Cristo, bárbaros e maus cristãos, e pelo qual Deus te dá o poder sobre todo o Império dos Francos – *auctoritate divina tibi tradita omni potestate totius imperii Francorum*.[5] Fórmula puramente protocolar – porque a França romana, ou românica, está excluída –, mas cuja significação política é inegável, porque ela afirma o *imperium*. A genealogia franca, que é atribuída aos saxões, tem o mesmo alcance. Ela os legitima; ela os vincula não apenas a Carlos Magno, mas aos grandes merovíngios. Aclamações do exército, fórmulas cerimoniais, pseudogenealogias são interessantes de anotar na história da ideia imperial, mas não seriam suficientes para fundar o Império. Pela realeza, Otão se aproximou da Itália. Mas foi com suas fortes mãos de soldado que ele agarrou a coroa (962) depois de vitórias brilhantes e repetidas sobre os bárbaros, quase nas mesmas condições que Carlos Magno, a quem os cronistas do tempo o comparam com entusiasmo.

A ideia, portanto, se tornou um fato, saiu da pura especulação para entrar na realidade histórica. Os oficiais que sonhavam com um império para um líder, e não para qualquer herdeiro

---

5 [Autoridade divina a ti foi confiada, com todo o poder do império franco. Em latim no original. (N. T.)] Widukind, *Rerum gestarum sxonicarum libri*, Livro II, cap.1-2; cf. R. Koepke e F. Duemmler, *Kaiser Otto der Grosse*, Leipzig, 1976, p.37 ss. (N. A.)

débil, tiveram tempo de pensar: os dois primeiros saxônicos que tiveram esse encargo mal tiveram o tempo de mantê-lo e conservá-lo. O fato de Otão I e Otão II não desconhecerem os homens superiores, a alta cultura, é atestado pelas relações que tiveram com Gerberto. Mas o verdadeiro papel deles foi o de guerrear. Todo o drama da Alemanha medieval foi escrito com traços grosseiros, como um poderoso esboço, na história dos dois primeiros imperadores saxônicos, e o último, Otão III, irá sucumbir durante a tarefa. A França da mesma época não está isenta de problemas tremendos, mas que são de ordem inteiramente diversa. Salvo no Sul, em que a ameaça sarracena pesa nas fronteiras, mas onde a defesa se apoia na Marca de Barcelona e nos reinos cristãos da península, ela não está mais diretamente exposta às invasões dos bárbaros, e as incursões normandas não possuem mais a mesma frequência e intensidade. A operação de Carlos, o Simples, teve sucesso. A batalha se trava no interior, entre a monarquia e seus adversários. Também na Alemanha, onde os ducados nacionais podem, a qualquer momento, se levantar contra o soberano, se sua energia enfraquece ou se está ocupado longe; mas, além disso, a Alemanha conservou essa função de marca "contra os adversários do Cristo, bárbaros e maus cristãos", que a Gália de Clóvis e a Gália de Carlos Magno tiveram durante tanto tempo. Ela enfrenta os bárbaros do Norte, do Leste e do Sudoeste, os vikings, os vendos, os obótritas, os poloneses, os húngaros, os eslavos da Boêmia. Enfim, na Itália do Sul e na Sicília, o Império enfrenta o Islã. No resto da península, outras ameaças estavam suspensas sobre o Império – as agitações de um feudalismo sempre prestes a saltar sobre uma oportunidade de desordem, a instabilidade de uma população que só era constante em sua animosidade contra o homem do Norte, a profunda degradação do papado, a turbulência dos barões romanos, durante muito tempo depositários do Sacerdócio; mais abaixo, os príncipes lombardos da Apúlia, enfim, os estrategos gregos que representam, na extremidade da península, a autoridade de Bizâncio. Um mundo de desunião, de discórdias, de revoltas, de intrigas, uma fauna humana de lobos feudais, de bispos simoníacos, de salteadores com nomes ilustres, encastelados nos túmulos da via Ápia ou em pequenos castelos lacustres da alta Itália, a horrível mistura de crimes pintada por Hugo em Ratbert. Arrancam-se os olhos a príncipes destronados, estrangulam-se os papas nas masmorras do castelo Sant'Angelo, enforcam-se chefes de bairros, e Bento do Monte Sorate chora sobre a grande miséria da Itália. Para acalmar, para domar essa fêmea trágica, seria preciso não apenas o rude gênio de um Otão, mas sua presença constante. O Império está sempre em ação, sempre em jogo. Quantas vezes o passo do Brennero viu passar e repassar guerreiros! Mal a Itália oferece alguma trégua e já são obrigados a correr a Stargard ou a Havenberg, pressionados, arrastados pelos eslavos. Fica muito pior se o Império fracassa de algum lado: a guerra se acende de outro, furiosa. Um dos traços que os historiadores de Otão I são unânimes em evidenciar é que ele nunca tem tempo de se consolidar onde quer que seja. Sua vida transcorre mantendo um equilíbrio na derrocada com a força de seus punhos.

 O que se torna essa imensa e frágil construção sob um mestre como Otão II, pequeno, gordo, sensual, cheio de si e sem uma clareza superior? Depois da desastrosa batalha do cabo Colonna, em que escapou dos árabes com grande dificuldade, em que o bispo de Augsburg e o abade de Fulda foram mortos no combate, os dinamarqueses invadiram a Germânia, os eslavos incendiaram

Hamburgo. A Europa se agita. As cristandades, muito frescas, do Norte, caem nas mãos dos bárbaros e as da Europa central correm o risco de escapar da vassalagem para se tornar nacionais. Mas Otão II se obstina a respeito da Itália, em suas negociações com os bispos da Apúlia e da Calábria. Na assembleia de Verona suplicam, admoestam. São Maiolo, abade de Cluny, mostra-lhe a imensidão do perigo e a iminência da ruína. Ele não ouve nada, projeta sua conquista da Sicília, desce até os Abruzos. É então que Gerberto, abade de Bobbio, escreve sua carta tão amarga a Pedro, bispo de Pavia. Enquanto o imperador está ocupado, longe, aproveitam-se de sua ausência. Este é o estado da situação: o mestre do Império sempre está ocupado em outro lugar. Ele morre, enfim, em dezembro de 983. As fronteiras da Alemanha do Norte estão abertas. O herdeiro do trono tem três anos.

É notável que os fenômenos explosivos que acompanham habitualmente as regências não se tenham produzido. Sem dúvida, a Alemanha sentia esse perigo, sem dúvida seu vínculo com a casa de Saxe não havia diminuído. Mas a habilidade de Teofânia fez o resto. Na primeira parte de sua vida, nós a vemos sobretudo por seus exteriores brilhantes, sua beleza, sua magnificência, seu requinte. Filha de Romano II, ela fora criada nos esplendores e nas intrigas da corte de Bizâncio. Mulher de Otão II, tinha acompanhado algumas vezes o imperador em suas guerras da Itália. Ei-la sozinha, com 27 anos, ainda radiante em contraste com esse fundo escuro, mas impopular depois que certas palavras imprudentes lhe haviam escapado após o desastre do cabo Colonna. Reconquista a autoridade moral na Alemanha, reconcilia-se com ela, com italianos e gregos, ao renunciar à conquista da Sicília e à luta contra o Islã. Ela compreendera as advertências de Verona. Mais ainda, quando morre Bonifácio VII, deixa que os romanos elejam um papa de escolha deles, João XV. Enfim, para conjurar o perigo eslavo, opõe a Polônia à Boêmia e termina por reconciliá-las. Ela compreendera que, para salvar o Império, era preciso ser rainha da Alemanha em vez de imperatriz do Ocidente. Quando morre prematuramente (991), a velha Adelaide, sua sogra, viúva de Otão I, segue a mesma política e guerreia contra os vendos. Ambas, a grega e a italiana, compreenderam melhor que o saxônico Otão II o interesse imediato da Germânia, e o paradoxo de um império que balança de um perigo a outro. Quando Otão III atinge sua maioridade (996), depois de ter guerreado no Norte desde os 12 anos, que escolha fará? Em que direção o empurram sua natureza, suas origens, sua educação? Que disposições secretas conduzem seus pensamentos diante dos restos de Carlos Magno, em Aachen, no dia de Pentecostes do ano mil?

## II

O adolescente sobre quem pesa o terrível fardo do Império é, ao mesmo tempo, um herói de romance, um político idealista e um santo. Ele sonhou, alternadamente, com o império do mundo e com a renúncia absoluta às vaidades humanas. Alternadamente, ele oferece aos romanos o espetáculo de sua majestade sagrada em todas as cerimônias teocráticas e aspira à solidão absoluta numa choça de lama e palha. Ora ele se entrega, com santo Adalberto e são Nilo, aos mais ardentes êxtases da fé, ora ele ouve os conselhos do velho Gerberto, grande pelo espírito e talvez pela intriga, homem íntegro e fértil em finas astúcias, amigo do diabo e príncipe dos humanistas. Quem jamais foi naturalmente provocado pelas ambições e pelos sublimes ascos que esse homem tão jovem e cujos dias, já contados, não davam lugar à medida e aos compromissos da experiência? O próprio desencanto é nele um ardor, e a realidade do mundo, um sonho vivido. Teve a felicidade de morrer antes de suas paixões, as mais nobres que jamais animaram um homem de seu tempo; de desaparecer no próprio momento em que, talvez, suas quimeras se afastavam dele. Em breves intervalos, para que a série humana seja completa, é bem necessário que a história nos ofereça figuras assim: ela alcança, então, as magnificências da ficção.

Como explicar que a raça de Otão, o Grande, tenha dado esse homem estranho, que aquele vigoroso realista tivesse como neto esse herói sonhador? Sem dúvida já vimos, em Otão II, certa falta de bom senso que, nos dias do maior perigo, o instigava a vãos projetos de cruzada.

Alega-se, sobretudo, e com razão, o sangue grego que corria nas veias de seu filho. Otão III recebia dele o impulso secreto, sem receber a sabedoria. Decerto, ele fora embalado de narrações sobre a grandeza da Bizâncio imperial e crescera no culto do passado. Filagato de Rossano lhe ensinou sua língua materna, e Bernward, o famoso abade de Hildershein, deu-lhe, provavelmente, uma educação mais firme, e sabe-se, enfim, que afeição o conduziu para o velho amigo de sua casa, Gerberto. Na carta em que escreveu a este último para agradecer por ter-lhe dado a Aritmética de Boécio,[6] vêmo-lo falar de sua rusticidade saxônica, que lhe faz corar, e dessa centelha de gênio grego que é preciso reacender... Gerberto não podia deixar de tirar partido

---

6 J. Havet, op. cit., *Epist,* 186; F. Picavet, op. cit., p.105. Sobre essa correspondência ver acima. Cf. os termos do *Libellus de rationali et ratione uti,* de Gerberto (dedicado a Otão), A. Olleris, op. cit., p.298, e J. Havet, op. cit., p.236. (N. A.)

dessa confissão efusiva. Na feliz fórmula de que se serve, com uma concisa elegância de grande escritor: *genere graecus, imperio romanus*, grego pela origem, romano pelo Império, parece revelar o futuro de uma concepção imperial mais vasta e mais brilhante, humanamente mais legítima, que o Império saxônico.

Mas acreditamos que a "grecidade" de Otão III, muito autêntica, é também, talvez sobretudo, um orgulho, um desejo de seu espírito. Teria ela como efeito a liberação, pelo choque, de aspirações profundamente germânicas que já são possíveis de discernir, mas de modo mais fraco, no espírito de seu pai? A eterna tentação italiana dos homens do Norte, o caráter artificial desse império do mundo, suas cerimônias, seus fastos em desfiles, tudo, até o ancestral exumado, e mesmo esse ardor no estudo, essa deferência de fâmulo em relação a seu velho Fausto da Aquitânia, são, em Otão III, traços que pertencem ao gênio da Alemanha. Se Gerberto antecipa os humanistas da Renascença, o jovem imperador antecipa o romantismo alemão. Sua história poderia ter sido encenada no teatro, com uma espantosa conformidade de instintos, se não por Goethe, pelo menos por um dramaturgo do *Sturm und drang*, menos por causa da violência dos episódios do que pela estranheza do herói e pela fatalidade que precipita seu fim. Assim, mesmo nos mais estreitos limites do tempo, a história contém, talvez, toda a diversidade dos tipos humanos, todo o repertório de situações. Mas esse destino tão rapidamente ceifado autoriza apenas sugestões, às quais a carreira de Barba Ruiva e a de Frederico II deram, sem dúvida, um desenvolvimento mais largo.

Em 996, Otão parte para a Itália a fim de receber ali a coroa imperial. Os eslavos foram contidos, a Itália parece segura. Mas, no desembocar dos Alpes, Verona se revolta e é preciso pacificar o movimento. Em Pavia, chega a notícia da morte de João XV e, de Ravena, Otão faz eleger seu primo e capelão Benno, que toma o nome de Gregório V. É um alemão, é um homem de uma energia brutal, duas razões para que ele seja detestado pelos romanos. Esse primeiro gesto, que rompe com a prudência de Teofânia assim como com a complacente moleza de João XV, não tarda a desencadear a cólera. Então, mais uma vez se ergue essa estirpe de chefes de tumultos que consideram o papado como propriedade deles e que opõem ao Império alemão a resistência da Roma feudal. Gregório V, escorraçado, se retira na Lombardia, onde espera a intervenção do imperador. Crescenzi, filho do insurreto de 974, faz eleger Filagato, que voltava de Constantinopla, onde tinha ido pedir a Otão III a mão de uma princesa imperial. Não é o primeiro nem será o último dos levantes que, em violentos combates de rua, ensanguentam a cidade dos césares. A imaginação popular devia interpretá-los mais tarde como movimentos nacionais, espécie de reivindicações de tribunos, apelos à liberdade! Estava, como se afirma, completamente errada? Decerto, os barões latinos queriam conservar, antes de tudo, o exorbitante privilégio, mas os sentimentos que emergiram durante a revolta de Verona e, mais tarde, durante o triste retorno dos despojos de Otão III para a Alemanha são a prova de que, na base dessa agitação italiana e romana, há alguma coisa de mais profundo e de mais amplo. Crescenzi não é um herói, nem um santo. A Roma do ano mil não é a dos Gracos. Mas, nas ruínas da República e do Império, esses atrozes feudais adquirem alguma grandeza.

Sem dúvida, em seu conjunto, essa Roma não era muito diferente daquela que deveria nos mostrar, sob a luz lunar da água-forte, violentamente contrastado de sombras, um visionário genial, Piranesi. Esqueçamos as construções da Renascença e do período barroco: sobram os monumentos dos antigos, então roídos pelo tempo, ruindo em escombros, invadidos por mato e espinheiros, calcinados pelos fogos das grandes invasões, esburacados em cada junta para permitir o roubo do cobre das cavilhas. Como nos tempos do arquiteto-gravador, reparos improvisados ainda permitiam ao homem habitar ali, como em cavernas de onde ele saía para dar seus golpes. Protegidos por ameias e barricadas, guarnecidos por pranchas, os túmulos e os templos tinham para eles o poder de suas alvenarias compactas, inabaláveis diante do aríete. As ruas estreitas favoreciam as tocaias e as emboscadas. Talvez, como mais tarde nas cidades toscanas, viam-se erguer, na emulação de dominar, torres estreitas e quadradas? Mas sobretudo as ruínas haviam se tornado fortalezas. Elas, que sempre foram frequentadas por estranhas populações. A gente mais pobre, que até uma época muito recente habitava o teatro de Marcelo, sucedia os capangas de Crescenzi. Nas encostas do Túsculo havia outros redutos, assim como seus irmãos revoltosos: mas é na Roma de Piranesi, em seu poderoso e melancólico claro-escuro, que é preciso buscar para compreendê-lo. É no Castelo Sant'Angelo que ele resistiu ao cerco de dois meses contra as tropas imperiais. Até mesmo as *Prisões*, devidas à imaginação alucinada de nosso artista, sugerem os horrores dos suplícios infligidos aos rebeldes, suscitam em nós o pensamento dos pontífices estrangulados ou mortos de fome. Um anacoreta quase centenário, são Nilo, foi implorar a Otão em favor de Filagato: o papa da revolução depois da tomada de Roma (fevereiro de 998) foi levado sobre um asno nas ruas de sua cidade. Quanto a Crescenzi, seu cadáver foi pendurado na forca de monte Mario.

Terão sido essas circunstâncias terríveis, talvez as exortações de são Nilo, a provocar no imperador a crise mística que o conduziu a pé, no mesmo ano, em pleno inverno, pelos caminhos em direção ao oratório do Monte Gargano? Não parece que ele jamais tenha separado a função imperial dos mais austeros deveres do cristão. A pobreza e o escândalo da igreja estavam sob sua responsabilidade. Ele não procurava apenas remediar isso pela retidão da administração pontifícia; ele queria remi-lo em si próprio. O que nos parece crise certamente é apenas o ponto mais alto de uma curva contínua. Aliás, ele não separava nada, seu duplo dever lhe era presente: o eremitério de são Nilo em Serperi, o santuário de São Miguel em Gargano não lhe escondiam as dificuldades às quais o monte Cassino estava exposto, as agitações de Cápua e de Nápoles, que ele tentava apaziguar. Mas um acontecimento inesperado põe de novo o papado em questão. Gregório V morre no dia 18 de fevereiro de 999; o imperador chama Gerberto para o pontificado. Parece que nesse momento a história fez tábula rasa do passado para autorizar novas fundações ou novos sonhos. As velhas forças alemãs desaparecem — não apenas Gregório V, mas a avó do imperador, Adelaide, e sua tia, Matilde, a quem havia pouco Otão tinha confiado a Germânia em sua ausência —, "os três pilares da cristandade". A morte desses parentes tão próximos e amados com carinho chamou o imperador para a Alemanha no início do ano mil, para uma estada de seis meses durante a qual ele fez exumar Carlos Magno. Depois voltou a Roma no início do outono, com a intenção de se radicar ali. Entre a velha capital carolíngia e a Cidade Eterna ele fizera sua escolha. É em Roma, apenas, que é possível fundar a monarquia universal. É de Roma que ela pode irradiar sobre o mundo cristão.

## III

Esses vastos objetivos não têm, a bem dizer, contornos definidos, e isso já foi observado com razão. Mas estão nisso seu interesse e sua originalidade. Não se trata de constituir um império compacto, definido pela posse dos territórios e pelo rigoroso desenho das fronteiras. Não se trata, também, de considerar a conversão dos bárbaros como um instrumento de germanização, mas de permitir às novas nações cristãs viver e se desenvolver no interior do quadro imperial. O laço que deve uni-las ao Império é mais espiritual do que feudal. No fundo, essa concepção não é nem constantiniana, nem carolíngia. Ela repousa sobre a estreita união do imperador e do papa. É, se se quiser, um aspecto do que se chama o césaro-papismo, mas não como a exploração vassala de um papado pela realeza germânica. Gerberto conjuga os poderes do imperador e os seus próprios numa soberania que não separa o espiritual do temporal. Assim se explica, como bem mostrou Julien Havet, a curiosa resposta do papa à carta que lhe havia endereçado Roberto, o Piedoso, para se queixar de um dos mais tristes prelados daqueles tempos, o famoso bispo de Laon, Aldaberão, chamado também Ascelin. Ali é dito que a queixa chegou entre as mãos do imperador e do papa: *Apostolicis et imperialibus oblata est manibus.*[7] O que está fazendo aí o imperador, nesse caso de disciplina eclesiástica? As contendas que podem surgir entre o episcopado francês e

---

7 [Foi apresentada às mãos apostólicas e imperiais. Em latim no original. – N. T.] Cf. também Ph. Jaffe-G. Wattenbach, *Re gesta pontificum romanorum*, nova edição 1885-1888, n. 3914. Sobre essa política de Gerberto, ver, com referências: E. Amann e A. Dumas, *Histoire de l'Église*, v.7, *L'Église au pouvoir des laiques*, Paris, 1948. [N. A.]

Roberto dependem unicamente da competência do papa, pois o rei não é, por nenhum título, de maneira nenhuma, vassalo do Império, a França não fazendo parte dos reinos que o constituem e que são a Germânia, a Lorena e a Itália. Mas Gerberto e Otão enxergam além das realidades políticas da época, um estado do mundo em que o acordo do papa e do imperador arbitra e governa a cristandade inteira. Citam-se outros exemplos de "usurpações" sobre a soberania do rei: não é diante dele, mas diante de Otão III que o conde de Barcelona – vassalo da França – e o arcebispo de Vich são chamados para discutir seus respectivos direitos. Não é inteiramente justo concluir que o primeiro papa francês tivesse uma política antifrancesa, porque, como veremos, sua política em relação às nações recentemente convertidas pôde também ser julgada antialemã. Na realidade, sua política está antes em serviço da ideia imperial que ultrapassa as visadas de um imperialismo germânico.

Os primeiros pioneiros do cristianismo entre os eslavos vizinhos do Império tinham trabalhado ao mesmo tempo pela extensão da Alemanha. Tal havia sido a linha seguida por homens como o famoso Pilgrim de Passau. O bispado de Praga, fundado em 975 ou 976, dependia dos arcebispados da Mogúncia. Deixando instalar ali o irmão do duque Boleslau, depois da nomeação de um monge de Corvey, Otão III e Gerberto aceitavam o risco de ver crescer na Boêmia uma Igreja nacional. Mesma coisa na Polônia, em que o bispado da Posnânia, que dependia primeiro de Magdeburgo, foi submetido, com Colberga, Cracóvia e Breslau, ao arcebispado recentemente fundado em Gniezno, sobre a tumba de santo Adalberto. Ocorreu nos primeiros meses do ano mil, no momento em que Otão III foi orar sobre esse túmulo. O caso húngaro é ainda mais característico. Em 995, o duque Géza tinha recebido a promessa de uma ilustre aliança para seu filho: Gisela, filha de Henrique da Baviera, à condição de se converter ao cristianismo e de ajudar na conversão de seu povo. Já o bispo de Passau tinha conseguido, entre 971 e 991, restaurar sua diocese e mesmo fazer penetrar o germanismo e o cristianismo na zona do Leita. Mas, no ano mil, o filho de Géza, o duque Vajk, recebe a coroa de ouro que faz dele rei, com uma bula de entronização de Silvestre II que vincula o novo reino à Santa Sé sob o título de monarquia apostólica. A bula foi contestada, mas o fato é incontestável: doravante existe uma realeza hereditária a mais, com uma igreja governada por um metropolita. Vajk toma o nome de Estêvão, sob o qual esse chefe de bandos devastadores será canonizado pela Igreja. Que a Hungria se torne ou não colônia alemã, essa não é a questão. O Império criou uma marca e transformou os bárbaros. Como os normandos fixados em nosso solo por Carlos, o Simples, eles não se desfizeram de seus velhos instintos. Isso vai ser comprovado com as desordens que se seguiram à morte de Estêvão (1042), mas eles não deixam de fazer parte do corpo europeu.

Não devemos hesitar em insistir sobre a originalidade dessa estrutura que, em vez de incorporar províncias ou Estados feudatários ao reino alemão, acrescentava novos reinos aos três reinos do Império e que, respeitando a ideia de nação, superpunha aí uma ideia mais elevada, em conformidade com a própria essência do cristianismo, o que se poderia chamar de supernação. Esses dois termos, a monarquia apostólica, o Santo Império, não poderiam nos enganar. Seguramente, era o desejo mais nobre, mas também o perigo de tal empresa, unir, na mesma comunidade, povos tão diferentes pelas tradições, pelas línguas, idades e estatutos das civilizações. Mas saía-se de guerras pavorosas. A Europa cristã era pequenina e sempre ameaçada. Era preciso escolher entre uma política de conquista e uma política de acordo espiritual. É este último partido que deteve o papa francês. Nele, isso não era um novo pensamento, se nos referimos à carta em que propõe a um correspondente desconhecido de aproximar, de unir na mesma solicitude, por um interesse superior, a juventude de Roberto de França e a juventude de Otão III.

Por outro lado, o velho humanista cristão só podia ver favoravelmente a ressurreição romana de uma corte verdadeiramente imperial. Um regime tem necessidade tanto de uma poética quanto de máximas de Estado, e os historiadores que julgam que os povos são governados exclusivamente pela força ou pela sabedoria desconhecem o fundo da natureza humana. Não era puro delírio, quando Gerberto e Otão III tentavam a ressurreição do Império romano de afirmar a evidência dele por fórmulas e cerimônias. Conhecemos as primeiras pela sigilografia e as segundas por textos contemporâneos. Timbres de chumbo trazem as letras IMP. AVG. COS. e SPQR., e mesmo uma figura de mulher, com as palavras: *Renovatio imperii romani*.[8] Se os cronistas alemães são muito sóbrios, e os cronistas italianos, quase mudos, uma compilação da segunda metade do século XII, a *Graphia aureae urbis Romae*,[9] muito compósita e mesmo incoerente, tem o mérito de conter trechos que datam incontestavelmente do tempo de Otão III: encontramos aí os textos originais em

---

8 [Renovação do Império romano. Em latim no original. – N. T.] Sobre os selos e as moedas do ano mil, ver sobretudo E. P. Schramm, *Die Deutschen Kaiser um Könige in Bildern ihrer Zeit 751-1152*, Berlim, 1928, p.99 ss. [N. A.]
9 Escrita da cidade dourada de Roma. Em latim no original. [N. T.]

manuscritos do século XI e do fim do século X. Enfim, um fragmento inserido em uma outra compilação, a de Bonizo de Sutri, e relativo aos sete juízes palatinos, remonta igualmente à época que nos ocupa aqui.[10] Mesmo que os diplomas nem sempre tenham confirmado as alegações desses velhos autores relativas aos juízes, que a última parte da *Graphia* esteja cheia de empréstimos a Constantino Porfirogênito e, de outro lado, de detalhes inúteis e confusos sobre as antigas magistraturas romanas, nada poderia invalidar o valor histórico de documentos contemporâneos dos fatos.

O imperador não residia no velho palácio carolíngio contíguo à basílica de São Pedro, já abandonado por seus predecessores, mas num outro, de que nos é dito que era "antigo", situado no Aventino. A colina das secessões da plebe, que já vimos, no início desse século, toda cheia de uma paz provinciana e monástica, era então a moradia das grandes famílias romanas. Quem sabe o Castello de' Cesari, com sua torre, perpetuasse a lembrança de uma delas ou, mesmo, confusamente, a memória dos césares germânicos? Não longe dali, erguia-se o convento de Santa Maria Aventina, que se tornara o priorado da ordem de Malta, e o de são Bonifácio e santo Aleixo, em que se encontravam monges latinos, gregos e eslavos e para onde havia se retirado santo Adalberto antes de ir sofrer o martírio na Prússia.[11] A esse mosteiro, o imperador teria doado seu manto da sagração, bordado em ouro com as cenas do Apocalipse. Era de lá que ele partia para suas peregrinações ao monte Gargano ou na região

---

10 F. Picavet, op. cit., p.195 ss. [N. A.]
11 Sobre as relações de santo Adalberto e de Otão III, cf. H. G. Voigt, *Adalbert von Prag. Ein Beitrag zur Geschichte der Kirche und des Mönchstums im zehnten Jarhundert*, Berlim, 1898. [N. A.]

de Subíaco, cheia de lembranças de são Bento, para suas conversas na solidão com são Nilo, para seus retiros numa cela em São Clemente. Depois, das aridezes sublimes da renúncia, ele retornava às pompas do Império, preenchia seus deveres com uma majestade que possuía algo de religioso.[12] Suas refeições eram espécies de missas de um esplendor solitário. Ele não as fazia como seus pais, com os companheiros de seus trabalhos e de seus combates, segundo o velho costume germânico, mas num isolamento que tornava ainda mais estranho e magnífico o estrado sobre o qual repousava a tábua em forma de sigma. Bizâncio se aliava certamente a Roma no cerimonial de uma corte onde se constatou que um dos dignitários recebia o título de protospatário,[13] e um outro, de mestre da milícia. Otão, criado por Teofânia na admiração das hierarquias eruditas e dos esplendores da corte grega, prometido a uma aliança com uma princesa bizantina, certamente não tinha necessidade dos conselhos de algum ravenense, como já se supôs, para introduzir em seu próprio palácio os usos e as dignidades de Constantinopla. A própria Roma pontifícia havia recebido essa influência. E não é enfraquecer a autoridade da *Graphia* sublinhar passagens retiradas do *Livro das cerimônias*, de Constantino Porfirogênito, bem ao contrário. Mas a tonalidade do meio é sobretudo romana imperial. É em Roma que essas coisas acontecem e é o Império romano do século IV que o papa humanista, nutrido de latinidade, e seu discípulo querem reconstituir, não como uma obra-prima de história e de arqueologia, mas através de tradições

---

12 Sobre o ritual imperial em Roma, cf. Halphen, *La cour d'Otton III à Rome* (998-1001). *Mélanges d'archéologie et d'histoire de l'École française de Rome*, 1905, p.349-63. [N. A.]
13 Oficial que levava a espada do imperador, em Bizâncio. [N. T.]

misturadas, de compromissos com o momento. Assim se explicam, além dos títulos e da figura mencionados acima contidos nos timbres de bronze, essas procissões vestidas de branco que, contrastando com o fundo sombriamente colorido da Itália medieval, evocam os *togati*[14] da Roma antiga e aquelas dez coroas de ouro com inscrições comemorando sua própria grandeza e a de seus mais ilustres imperadores.

Temos, de fato, uma nova "constituição" nessa espécie de *Notitia dignitatum*[15] que nos oferece a *Graphia*? É absolutamente certo que os sete juízes pontifícios tenham se transformado em juízes palatinos, encarregados, cada um, de uma função do governo? Houve um acordo constante e premeditado entre a administração imperial e a da sé apostólica? Os velhos historiadores, Giesebrecht, Gregorovius, acreditaram nisso por razões válidas. Hoje, surgem dúvidas sobre pontos específicos. Mas é preciso também ver o conjunto: permanece o fato de que a aventura é extraordinária. É um ensaio, mais ou menos heroico, para criar quadros novos, um novo estilo de vida e mesmo uma política imperial moderna. Ele é dominado ao mesmo tempo pela obsessão pelo passado e pelo desejo de construir. Diríamos que

---

14 *"Togati"* é um termo latino que significa "aqueles que usam togas", e era usado para se referir aos cidadãos romanos que não tinham uma ocupação militar. Na Roma Antiga, a toga era a vestimenta oficial usada pelos cidadãos livres e era um símbolo de *status* e cidadania romana. Ocupavam cargos civis na administração, advocacia, comércio, entre outros. Eles eram chamados de *"togati"* porque usavam a toga em suas atividades diárias e como parte de sua identidade romana. [N. T.]

15 "Lista de Dignidades." Essa expressão refere-se a um documento do final do século IV ou início do século V que descreve a organização e a estrutura militar do Império romano do Ocidente e do Oriente. Em latim no original. [N. T.]

## O ano mil

a Renascença é arbitrária em seu princípio e antimoderna, porque ela repousa sobre a imitação dos antigos?

Podemos ver um símbolo dessa ressurreição cristã do velho Império romano nessa igreja que Otão III fez construir em honra de santo Adalberto e que Mâle descreveu em algumas de suas mais belas páginas.[16] Ela é hoje a igreja de são Bartolomeu, que ocupa a extremidade sul da ilha Tiberina, no lugar de um antigo templo de Esculápio. Foi refeita várias vezes, sua fachada é do século XVII e obra de Martino Longhi. Mas conserva catorze colunas de granito ou de mármore do templo e do pórtico, utilizadas pelo arquiteto de Otão. Talvez o conjunto, como nota Mâle, não tenha mais a amplidão monumental e a nobreza das proporções que distinguiam ainda no século IX as igrejas de Pascoal I. Nos degraus da capela-mor se encontra encastrado o parapeito de um pequeno poço decorado com figuras de uma época posterior à morte de Otão III. São Bartolomeu, são Paulino de Nola e Otão III ali acompanham Cristo.[17] Uma inscrição nos adverte que esse poço corresponde a uma antiga fonte sagrada cuja água fazia milagres. Os cristãos sucederam aos fiéis de Esculápio em torno da fonte salutar. É entre as colunas do

---

16 É. Mâle, *Études sur les églises romaines. L'empereur Otton III à Rome et les églises du Xe siècle*. *Revue des Deux mondes,* septembre 1937, repris dans *Rome et ses vieilles églises.* Paris, 1942, p.138 ss. [N. A.]

17 Sobre esse poço, cf. O. Hamburger, *Ein Denkmal attonischer Plastik in Rom mit dem Bildnis Ottos III, Jarbuch des preussischen Kunstsammlungen,* 1936, p.130 ss.; G. de Francovich, *Contributi alla scultura ottoniana in Italia, Il puteale di san Bartolomeo all'Isola di Roma, Bolletino d'Arte,* 1936, p.150 ss. Para esses autores, a obra dataria do início do século XI; segundo É. Mâle, *Rome et ses vieilles églises*, p.150 ss., ela seria do século XII. Há também desacordo sobre a figura do santo: São Paulino de Nola, de acordo com Mâle, e santo Adalberto de acordo com G. de Francovich. [N. A.]

templo de um deus morto que eles vieram adorar o Deus vivo. E ele também, o imperador do ano mil, bebeu na fonte sagrada. Como sua pequena basílica, seu sonho de império sem dúvida não tinha as proporções justas, mas as colunas do templo estavam ali intactas e de pé.

Entrementes, a oposição italiana e a oposição romana não se tinham desarmado. Entre os feudais, muito poucos eram sinceramente ligados ao Império. Havia alguns, porém. O marquês da Toscana – Hugo, o Grande, filho de Herberto – mais de uma vez deu provas de sua fidelidade. Antes de 996, ele tinha feito duas viagens à Corte imperial. Quem sabe a juventude de Otão III lhe parecesse favorável a projetos ocultos ou, mais simplesmente, à sua independência de grande feudal, chefe de um Estado mais ou menos soberano? De qualquer forma, a casa de Saxe o considerava como um apoio seguro e, em circunstâncias difíceis, ele se posta junto do imperador e cumpre seu dever. Mas os príncipes do Sul ainda eram preocupantes. Censuravam Otão III e o papado de satisfazer o episcopado em prejuízo dos bens dos senhores. Arduíno, marquês de Ivrea, teria tomado parte no assassinato do bispo de Vercelli (997)? Ele foi acusado e trazido diante de um concílio. Seus bens foram apreendidos. Essa medida indignou o Norte da Itália.

Mas sobretudo Roma permanecia ameaçadora. Pois quem, dentre os barões e suas clientelas, poderia se interessar pela restauração do Império romano tentada por um rei da Alemanha e por um papa estrangeiro? Como esperar que se criasse, num só golpe, um assentimento necessário aos grandes empreendimentos? Naquela cidade, ainda quente por ódios assustadores, a menor centelha podia provocar o incêndio. Desde o início de 1001, ele irrompe com violência. Os habitantes de Tívoli tinham se revoltado contra seu senhor. O perdão que lhes foi concedido irritou violentamente Gregório, conde de Tusculum. Com seus bandos, os nobres revoltosos saíram às ruas. Lutam, fazem uma carnificina de alemães, cercam o palácio imperial no Aventino. Foi então que o imperador, no alto de uma torre, teria dirigido aos revoltosos um discurso, relatado por Tangmar: "Sois aqueles que eu chamava de meus romanos, aqueles que amei e por isso abandonei minha pátria, meus saxônicos, meus alemães, meu sangue? Eu vos adotei como filhos. E vós, em troca, vós vos separais de vosso pai, massacrastes meus fiéis, vós me expulsais…". E ele teria dito também: "Eu vos conduzi até as partes mais distantes de nosso Império, onde vossos predecessores nunca haviam penetrado, quando o mundo lhes era submetido. Eu fiz com que se levassem vosso nome e vossa glória até as extremidades da terra".[18] Palavras curiosas em que a verdade se enlaça com o erro e que apresentam as marcas da Germânia como as últimas conquistas do Império romano. Mas essa arenga sem dúvida nunca foi pronunciada. Ela traduz, com muita verossimilhança, os sentimentos íntimos de Otão III, interpretados com justeza por um inteligente contemporâneo. Mas é de fato um desses discursos que os mais letrados cronistas tinham tomado o costume de inserir em suas narrações à maneira dos historiadores da Antiguidade. A sequência da narração de Tangmar no-lo demonstra: comovido pelas palavras do imperador, o motim teria se voltado contra seus próprios chefes, que, capturados, teriam sido jogados aos pés de Otão III. De fato, ele foi obrigado a deixar Roma e, doravante, é visto errando pela Itália, destituído de seu sonho. Ele permaneceu em

---

18 Tangmar, *Vita Bernwardi*, cap.25; cf. A. Olleris, op. cit., p.CLXXXI. [N. A.]

Ravena, onde, talvez, santo Odilo o tenha exortado a retornar para a Alemanha, como, por um momento, ele havia pensado em fazer. Vai ao monte Gargano, depois corre a castigar Benevento. No dias 27 de dezembro de 1001 abre-se em Todi um concílio reunido para resolver uma diferença entre Bernward, bispo de Hildesheim, e Willigis, arcebispo da Mogúncia, a respeito de seus direitos sobre o mosteiro de Gandersheim. Mas os bispos convocados não chegavam. No dia 13 de janeiro, ainda eram esperados: no mesmo dia, Tangmar despedia-se do imperador. O momento era crítico. Na Alemanha, os duques, os condes, os bispos conspiravam. Otão III estava esgotado. Dizem que a chegada do arcebispo de Colônia e do bispo de Constança serviu-lhe de algum reconforto. Ele se pôs novamente a caminho, mas foi obrigado a parar, vencido pelo mal. Estava não longe de Roma, onde ele não podia entrar, aos pés do monte Soratte, no castelo de Paterno. Morreu ali no dia 23 de janeiro. Gerberto estava junto a ele, em seus últimos momentos? Seu nome não figura entre os dos assistentes. Ele ainda sobreviveu por dezesseis meses.

Assim tomou fim essa admirável e quimérica tentativa, sobre a qual é possível sonhar ainda por muito tempo. Era possível, no ano mil, conseguir reviver o Império romano num mundo feudal, unir nos quadros de uma ordem espiritual, para desvantagem da força alemã, reinos bárbaros recentemente convertidos? Apesar das uniões dos corações, não haveria contradição de natureza entre esse jovem Parsifal e seu mestre, esse papa no entardecer de sua vida, talvez consumido por sua própria habilidade? Parece que eles se amaram e se apoiaram constantemente, necessários um ao outro, vinculados ambos, apaixonadamente, à mesma ideia. Talvez, em sua sabedoria, o soberano Pontífice sentisse por vezes respeitosos pesares por ter que governar o mundo com um arcanjo. Talvez pensasse no perigo da faísca grega e nos benefícios da rusticidade saxônica. Mas não sabemos absolutamente nada. O certo é que não era possível associar dessa maneira a Itália e a Alemanha. Por ter gestado o Império dos Césares, a Itália repetiria sempre os versos de Virgílio: "Romano, lembra-te que cabe a ti comandar os povos". Então, mais do que nunca, não era possível. E é sobretudo uma fúria feudal que leva Arduíno, depois da morte de Otão III, a retomar a coroa da Itália, e os barões, desde a morte de Silvestre II, a tiara. Henrique II irá esperar dez anos para chegar à dignidade imperial. Onde se instalar, para comandar esse corpo desunido? Em Aachen? Mas é longe demais da península. Em Roma? Mas é muito longe da Alemanha e das marcas da Eslávia. Alguns brilhantes sucessos não nos ocultam o paradoxo dessa situação. No ano mil, os esforços de um santo e de um homem de gênio não puderam fundar a monarquia universal. A nostalgia imperial, que foi para a Europa o sonho dourado da felicidade, da concórdia e da paz, não triunfa sobre a desordem, o ódio e a guerra, resultado das invasões bárbaras. Mas imensas forças, no mundo do espírito, na cultura e na arte, conseguem dominar as discordâncias políticas e a própria diversidade delas institui, na paz, canteiros em que se constroem igrejas e uma espécie de sociedade universal que as paixões humanas colorem sem destruir.

SOBRE O LIVRO

*Formato*: 13,7 x 21 cm
*Mancha*: 23,5 x 39 paicas
*Tipologia*: Venetian 301 BT 12,5/16
*Papel*: Off-white 80 g/m² (miolo)
Cartão Triplex 250 g/m² (capa)

1ª edição Editora Unesp: 2024

EQUIPE DE REALIZAÇÃO

*Edição de texto*
Marcelo Porto (Copidesque)
Carmen T. S. Costa (Revisão)

*Capa*
Negrito Editorial

*Imagem de capa*
Iluminura medieval representando a Justiça, iStockphoto

*Editoração eletrônica*
Sergio Gzeschnik

*Assistente de produção*
Erick Abreu

*Assistência editorial*
Alberto Bononi
Gabriel Joppert

Impressão e acabamento: